Sigrid Nolda
Interaktion in pädagogischen Institutionen

AF211842

Qualitative Sozialforschung

Herausgegeben von

Ralf Bohnsack
Christian Lüders
Jo Reichertz

*Band 8*

Sigrid Nolda

# Interaktion in pädagogischen Institutionen

Leske + Budrich, Opladen 2000

Die Deutsche Bibliothek – CIP-Einheitsaufnahme
Ein Titeldatensatz für die Publikation ist bei
Der Deutschen Bibliothek erhältlich


Gedruckt auf säurefreiem und alterungsbeständigem Papier.

ISBN 978-3-8100-2599-9      ISBN 978-3-663-01165-1 (eBook)
DOI 10.1007/978-3-663-01165-1

Satz: Leske + Budrich, Opladen

# Inhalt

# 1. Einführung: Vom Wissen zum Forschen

Über ‚Interaktion in pädagogischen Institutionen' besteht kein Mangel an Vorstellungen und Meinungen: Wie schulischer Unterricht abläuft, gehört zum Alltagswissen der Gesellschaftsmitglieder, jeweils individuell gefärbt durch eigene Erfahrung bzw. Erinnerung. Dieses auf Schule, Lehre, Universität und andere Bildungseinrichtungen bezogene Wissen wird durch Erzählungen, Anekdoten und Witze, aber auch durch literarische Erinnerungen, Romane, Erzählungen, Filme kommunikativ verfügt gemacht, aber nur selten problematisiert.

Umso mehr sind es die Praktiker, die ‚wissen', wie Unterricht verläuft – aufgrund eigener Erfahrung, aufgrund der Berichte von Kollegen, aber auch aufgrund von Texten, die sie in Aus- und/oder Fortbildung gelesen haben oder deren Inhalte ihnen bekannt gemacht wurden. Unterricht selbst zu gestalten heißt eben nicht, Unterricht wahrzunehmen: Der Handlungsdruck und das eigene Involviert-Sein blendet Wahrnehmungen aus und kanalisiert sie. Das gleiche trifft auf den sogenannten Praktiker-Diskurs zu, der der Selbstverständigung und Stabilisierung einer Berufsgruppe dient. Die pädagogische Literatur wiederum gibt in der Regel eher Vorgaben vor, stellt jeweils ideale Formen von Unterricht dar, die mit der tagtäglich erlebten Realität oft kaum etwas zu tun haben.

Erst die empirische Erziehungswissenschaft stellt – scheinbar naiv – die Frage, was denn jenseits von Lehrplänen und idealisierten Stundenbildern wirklich in organisierten Lehr-/Lernsituationen vor sich geht, welche Muster dort wirksam sind, wie die Beteiligten ihre Rollen als Lehrende und Lernende konkret ausfüllen. Mit der ‚realistischen Wende' in der Erziehungswissenschaft hat die Frage nach dem realen Geschehen die Vorliebe für ideale Vorgaben in den Hintergrund gedrängt, und mit der Enttäuschung politischer Emanzipationshoffnungen ist der Blick für die alltäglichen Schwierigkeiten und Paradoxien geschärft worden. Es interessiert nicht, wie Unterricht sein soll, sondern wie er ist bzw. wie er sich dem Beobachter darstellt.

Diese Frage steht auch im Zentrum der vorliegenden Veröffentlichung, die Interessierten einen Zugang zur qualitativen Analyse von Interaktionen in pädagogischen Institutionen vermitteln soll. Das scheint notwendig, weil

Veröffentlichungen zur Interaktion in pädagogischen Institutionen das Produkt der letzten Etappe eines Forschungsprozesses sind, die die übrigen Etappen kaum mehr erkennen läßt. In den seltensten Fällen bildet die Veröffentlichung den Forschungsprozeß selbst ab, geschweige denn die Probleme, die in den einzelnen Phasen zu bewältigen sind. Ein Forschungsbericht enthält Ergebnisse, ein auf empirischer Forschung beruhender Beitrag zur Theorie präsentiert verallgemeinerte und an bestehende Theorien anschlußfähige Interpretationen. Beide Formen und ihre Vermischungen sind durch Kürzungen und Glättungen gekennzeichnet, die die Lesbarkeit steigern. Was als konsequentes Ergebnis von Forschungsaktivitäten erscheint, unterscheidet sich häufig beträchtlich von dem ursprünglich Geplanten oder auch von Zwischenberichten. Das muß nicht auf – vermeidbare – Schwächen bei der Konzeptionierung zurückzuführen sein, sondern kann ebenso gut an unvorhersehbaren Schwierigkeiten beim Feldzugang oder bei der Datenerhebung liegen. Es kann aber auch Zeichen einer zunehmenden Vertrautheit mit dem Forschungsgegenstand und einer notwendigen Flexibilität sein, die das zunächst Vermutete beim Kontakt mit dem Feld und der Durchdringung von Daten als falsch oder irrelevant erkennt.

Untersuchungsberichte verzeichnen in der Regel solche Abweichungen vom ursprünglichen Plan nicht und geben kein Bild von den Anforderungen an Zeit, Ausstattung und Kompetenzen, die die einzelnen Phasen solcher Untersuchungen und Analysen stellen. Deshalb sollen im folgenden nach einer Beschreibung der Begriffe Interaktion und Institution und der mit ihnen verbundenen Forschungsmethoden bzw. -arbeiten die wichtigsten Aktivitäten und damit eventuell verbundene Probleme bei der Planung und Durchführung von pädagogischen Interaktionsanalysen dargestellt und anhand eines Beispiels der Weg von der Analyse eines Anfangssegments bis zur Analyse eines Korpus gezeigt und abschließend auf praktische Anwendungsmöglichkeiten hingewiesen werden.

# 2. Interaktion und Institution: Begriff und Forschung

## 2.1 Interaktion

### Begriffsklärung

In der Literatur wird nicht immer klar zwischen Interaktion und Kommunikation unterschieden, häufig werden die Begriffe synonym verwendet, manchmal wird Kommunikation auf sprachliche Vorgänge eingrenzt. Bei Definitionen von ‚Interaktion' steht die Wechselseitigkeit der Beeinflussung im Vordergrund. So findet sich etwa eine Bestimmung von Interaktion als „wechselseitige Beeinflussung des Handelns mindestens zweier Personen" (Sarges/ Fricke 1980, S. 488). Die Definition von Interaktion als „die elementare Einheit des sozialen Geschehens, in der Menschen ihr Verhalten aneinander orientieren" (Endruweit/Trommersdorff 1989, S. 310) ist vom sogenannten Symbolischen Interaktionismus, einer Richtung der amerikanischen Soziologie, beeinflußt. Diese hebt auf die wechselseitige Orientierung sozialer Handlungen ab und betont ihren symbolvermittelten Charakter. Soziale Beziehungen stellen sich demnach als aushandlungsfähig und an gemeinsame Anerkennung gebunden dar (vgl. Schütze 1987).

Es ist zu empfehlen, Interaktion in Abhebung von Kommunikation durch die gleichzeitige Anwesenheit der Betroffenen zu unterscheiden, die – nach dem Modell des symbolischen Interaktionismus – auf der Grundlage eines Sockels von geteilten Bedeutungen und Verhaltensmustern jeweils die Reaktionen des anderen vorausgreifend berücksichtigen bzw. sich mit dem anderen über die Bedeutung der Situation verständigen können. Kommunikation wäre demnach ein Oberbegriff von Interaktion, die ihrerseits durch die Kopräsenz der Beteiligten gekennzeichnet ist. Werden im folgenden beide Begriffe verwendet, dann nicht als Synonyme, sondern im Bewußtsein ihrer Relation als Ober- bzw. Unterbegriff.

### Interaktionsforschung

Das Problem der Erforschung von Interaktionen besteht in ihrer Flüchtigkeit. Im Gegensatz zur schriftlichen Kommunikation müssen bei der direkten mündlichen Interaktion die Beteiligten anwesend sein und unmittelbar reagieren. Beschreibungen solcher Interaktionen können nur nachträglich angefertigt werden – von den Beteiligten oder von Beobachtern. Die Beteiligten neigen dazu, ihre persönliche Sicht der Dinge zu übermitteln – was deutlich wird, wenn man die Darstellungen mehrerer an einer Interaktion Beteiligter miteinander vergleicht. Nicht-involvierte Beobachter sind auf ihr Gedächtnis angewiesen. Hier sind natürliche Beschränkungen gegeben, die eine wortwörtliche Wiedergabe von Gesprochenem nur in den seltenen Fällen von kurzen Äußerungen ermöglicht[1]: Intonationen und Pausen sind kaum zuverlässig erinnerbar. Beobachtungsprotokolle, wie sie in der ethnographischen Feldforschung üblich sind, können nur grob Handlungsabläufe wiedergeben und sind zudem von der Sicht und der Beurteilung der Protokollanten geprägt. Die Schwierigkeit der ethnographischen Forschung, nämlich in die Alltagswelt der untersuchten Kultur einzudringen und gleichzeitig aus der Distanz zu analysieren, schlägt sich in den von ihr produzierten Protokollen nieder. Das ist offensichtlich bei der Erforschung räumlich entfernter ‚fremder‘ Kulturen, dies trifft aber auch auf ‚unbekannte‘ Bereiche der eigenen Kultur zu, wie an folgendem Beispiel, der Beschreibung einer Schulpausensituation, deutlich wird:

> „Gerade beginnt eine Klopperei zwischen Malte und Jasmin. Malte versucht, Jasmins Gürteltasche zu ergattern. Plötzlich ist ein Jagen, Fangen, Festhalten und Kloppen, auch Judith und Uwe jagen sich jetzt. Es gilt: die Geschlechter gegeneinander. Jasmin wirft sich samt ihrer Tasche auf die Polster in einer Ecke des Raumes. Malte hinterher, er hält Jasmin umklammert. Judith und Uwe schmeißen sich auch noch dazu. Knisternde Stimmung. Dann sind wieder alle auf den Beinen, kurzfristig hat Malte mal Jasmins Tasche. Jetzt mischt Tanja sich mit den Worten unters Volk: ‚Was macht ihr? Ich bin dabei. Eine muß Malte festhalten‘. Was sie dann selbst besorgt. Meinem Eindruck nach hat Tanjas Intervention eine Solidarisierung der Mädchen untereinander bewirkt, vorher gab es die paarweisen Kabbeleien zwischen Malte und Jasmin und Uwe und Judith. Alle haben großen Spaß. Die Jagerei führt jetzt aus dem Raum hinaus" (Breidenstein/Kelle 1998, S. 41).

Hier ist einerseits der Versuch zu beobachten, sich der Sprache der Untersuchten anzunähern („Klopperei", „mischt sich mit den Worten unters Volk") und die Dynamik der Situation sprachlich abzubilden – z.B. durch prädikatslose Sätze („Plötzlich ist ein Jagen, Fangen, Festhalten und Kloppen" oder „Knisternde Stimmung"). Andererseits wird die Situation gedeutet, und zwar implizit („Es gilt: die Geschlechter gegeneinander") und explizit („Meinem Eindruck nach hat Tanjas Intervention eine Solidarisierung der Mädchen untereinander bewirkt"). Auch eine Aussage wie „Alle haben großen Spaß" beruht auf der subjektiven Wahrnehmung der Protokollantin. Eine derartige Protokollierung hat den Vorteil, die Bewegungen und Aktionen mehrerer Beteiligter zu erfassen und lesbar zu präsentieren. Sie hat den Nachteil der mangelnden Präzision und der fehlenden Überprüfbarkeit.

---

1 Die volle wörtliche Form eines gehörten Satzes ist nur für ganz kurze Zeit erinnerbar, da die weitere Speicherung in Form einer ‚semantischen Struktur‘ geschieht (vgl. Hörmann 1978, S. 461).

Neben derartigen ‚freien' Protokollen gibt es die Möglichkeit, Interaktionen anhand von vorgegebenen Kategorien zu protokollieren. So ist der Beobachter, der nach dem von N.A. Flanders in den sechziger Jahren entwickelten Kategoriensystem vorgeht, gehalten, bei Lehrer-Schüler-Interaktionen alle drei Sekunden eine das Geschehen adäquat beschreibende Kategorie zu vermerken. Flanders unterscheidet die folgenden zehn Kategorien:

„(1) Akzeptiert Gefühle: akzeptiert und klärt die Gefühlshaltung der Schüler, ohne zu drohen. Die Gefühle können positiv oder negativ sein. Das Voraussagen von oder Sich-Erinnern an Gefühlshaltungen ist eingeschlossen.

(2) Lobt oder ermutigt: lobt den Schüler für seine Handlungsweise oder sein Verhalten oder ermutigt ihn. Scherze zur Verminderung der Spannung, jedoch nicht auf Kosten eines anderen, Kopfnicken und Äußerungen wie ‚Hm' oder ‚weiter' sind eingeschlossen.

(3) Geht auf Gedanken (Ideen) von Schülern ein: klärt und entwickelt Anregungen von Schülern, wenn der Lehrer mehr eigene Ideen verwendet, benutzt man Kategorie 5.

(4) Stellt Fragen: stellt Fragen nach Inhalt und Verfahren, die die Schüler beantworten sollen.

(5) Trägt vor (doziert): nennt Tatsachen oder Meinungen über Inhalte und Verfahren; äußert seine eigenen Gedanken, stellt rhetorische Fragen.

(6) Gibt Anweisungen: befiehlt, ordnet an, steuert den Unterricht und erwartet, daß die Schüler Folge leisten.

(7) Kritisiert oder rechtfertigt Maßnahmen: will mit seinen Äußerungen das Verhalten des Schülers in seinem Sinne verändern, schreit einen Schüler an, gibt die Gründe für sein Verhalten an, extreme Selbstdarstellung.

(8) Schüler antwortet: Schüler antworten dem Lehrer. Lehrer initiiert den Kontakt oder bittet um Schüleräußerung.

(9) Schüler spricht freiwillig (aus eigener Initiative): Schüler sprechen auf eigenen Wunsch hin. Wenn der Lehrer nur aufruft, um die Reihenfolge der Sprecher festzulegen, muß der Beobachter entscheiden, ob der Schüler etwas sagen wollte. Wenn ja, wird diese Kategorie verwendet.

(10) Schweigen oder Durcheinander: Pausen, kurze Perioden der Ruhe und Perioden des Durcheinanders, in denen der Beobachter nichts verstehen kann." (zit. bei Köck 1981, S. 130f)

Bei der Anwendung eines solchen Rasters wird vorausgesetzt, daß alle beobachtbaren Aktionen des – schulischen – Unterrichts nach einer entsprechenden Beobachterschulung trennscharf den genannten Kategorien zugeordnet werden können. Was interessiert, sind die Häufigkeiten, mit der die einzelnen Kategorien auftauchen, nicht aber ihr Kontext und ihre Interdependenz. Hinzu kommt, daß derartige Beobachtungen in der Regel nur unter Laborbedingungen ( z.B. durch in einer Richtung durchsichtige Scheiben hindurch) oder aber unter der Bedingung der Beobachtbarkeit der Beobachter möglich sind. In beiden Fällen ist mit einer Irritatiion der Beobachteten zu rechnen.

## Konversationsanalyse

Erst mit der Verbreitung von handhabbaren Aufzeichnungsgeräten ist eine Möglichkeit gegeben, Interaktionen unabhängig von anwesenden Beobachtern zu fixieren und damit Beschreibungen zu überprüfen. Auf der Basis dieser technischen Möglichkeiten ist im Rahmen des symbolischen Interaktionismus die Konversationsanalyse entwickelt worden, „die empirische Erforschung von sprachlichen Texten, die in natürlichen Kommunikationssituationen hervorgebracht, mit elektronischen Mitteln aufgezeichnet und gespeichert sowie unter dem Gesichtspunkt der Strukturen des Kommunikationsablaufs, der Aktivitäten der beteiligten Interaktionspartner und/oder der von diesen getätigten Bedeutungsvoraussetzungen und -zuschreibungen transkribiert und analysiert werden" (Kallmeyer/Schütze 1976,S. 4). Mit der Konversationsanalyse steht eine Methode zur Verfügung, die Beobachtungsnotizen und -protokolle präzisiert, den Untersuchungsbereich (etwa auf Phänomene wie Überlappungen, Abbrüche oder Pausen) erweitert und damit überprüfbare gesprächsorganisationelle und handlungskonstituierende Mikroanalysen von sprachlichen Interaktionen ermöglicht.

Während die Vertreter der formalen Konversationsanalyse wie H. Sacks, E.A. Schegloff und G.Jefferson sich vor allem mit der Organisation verbaler Interaktion durch Einleitungs- und Abschlußsequenzen befaßten, untersucht die ethnomethodologische Konversationsanalyse in der Nachfolge von Harold Garfinkel die Prozesse der Bedeutungskonstitution in verbalen Interaktionen. Sie geht mit einer Untersuchungsmentalität einher, die nicht Vorkommensverteilungen vorher festgelegter Phänomene feststellt, sondern eher auf bisher nicht ins Blickfeld Geratenes, scheinbar Selbstverständliches, für die Beteiligten Unproblematisches, aber die jeweilige Interaktion wesentlich Konstituierendes achtet.

Ein so banaler Vorgang wie die Begrüßung erweist sich unter dieser Perspektive als wechselseitige Identifizierung der Gesprächpartner, die zu Beginn eines Austauschs stattfindet. Die Plazierung ist also nicht ins Belieben der Partner gestellt, sondern gewissermaßen vorgeschrieben. Dem Gruß folgt zwingend ein Gegengruß, der wiederum die Grußsequenz abschließt. Der Begrüßungsvorgang ist also eine aus zwei Teilen bestehende, in sich abgeschlossene Interaktionssequenz – vergleichbar anderen Paarsequenzen wie der Frage-Antwort- oder der Vorwurf-Rechtfertigungs-Sequenz. Der erste Teil einer solchen Paarsequenz bedingt den zweiten. Diese Perspektive unterscheidet die Konversationsanalyse von der Sprechakttheorie, die die Handlungsbedeutung einer Äußerung direkt aus den in der Äußerung vorhandenen Indikatoren ableitet. Demgegenüber stellen Konversationsanalytiker fest: „Daß eine Äußerung eine Antwort darstellt bzw. die Tätigkeit des Antwortens ausführt, ist nicht durch Referenz auf phonologische, syntaktische, semantische oder logische Merkmale der Äußerung selbst zu erkennen, sondern nur durch Berücksichtigung ihrer sequentiellen Plazierung, z.B. ihrer Plazierung im Anschluß an eine Frage" (Schegloff/Sacks 1974, zit. bei Bergmann 1980, S.72). Die Konversationsanalyse interessiert sich für den inneren Aufbau, die Organisation von Gesprächen, die im Gegensatz zu schriftlichen Äußerungen vor allem durch folgende Aspekte gekennzeichnet sind:

- „(S)ie sind an Turns gebunden, in denen sie vorkommen, d.h. an strukturell gekennzeichnete Spielzüge, die sich die Beteiligten vermittels eines Systems des Sprecherwechsels Schritt für Schritt zuteilen;
- sie sind von vorausgegangenen Äußerungen geprägt, haben ‚sequentielle Implikationen' für nächste Äußerungen, treten also nicht isoliert auf;
- sie sind immer im Hinblick auf die Bedürfnisse ihres konkreten Empfängers gestaltet (*recipient designed*), d.h. sie sind so gehalten, daß sie genau von dem/den besonderen Anderen, an den/die sie gerichtet sind, an *diesem* Punkt des Gesprächs hinreichend verstanden werden können (und nicht von einem mehr oder weniger anonymen Publikum zu einem beliebigen Zeitpunkt);
- sie treten in lokale, von den Beteiligten organisierte Situationskontexte ein, als ihr Resultat, aber auch als diese strukturierende Bestandteile;
- sie sind Produkte eines störanfälligen Systems, das Reparaturen an Ort und Stelle erforderlich machen kann; schriftsprachliche Sätze werden vor ihrer Veröffentlichung ediert, ob Korrekturen vorgenommen wurden, ist für den Leser nicht erkennbar; für die gesproche Sprache gibt es jedoch kein Tipp-Ex: sie ist voller Fehler, deshalb auch voller Korrekturen; Teil der interaktiven Organisation von Gesprächen sind deshalb die jederzeit bereitstehenden Reparaturmechanismen für die Schäden, die im System vorkommen" (Streeck 1983, S.75).

Den in der alltäglichen Sprachausübung und -wahrnehmung gewöhnlich überhörten Versprechern, Wiederholungen, Variationen liegen spezielle Organisationsmechanismen zugrunde, die die Konversationsanalyse herausgearbeitet hat. So wird beispielsweise zwischen selbstinitiierter und fremdinitiierter Korrektur von eigenen und fremden Äußerungen unterschieden. Im pädagogischen Kontext werden nun die diesbezüglichen Regeln der Alltagskonversation außer Kraft gesetzt, indem die üblicherweise bevorzugte Selbstkorrektur der Sprecher durch die häufige Fremdkorrektur des Lehrenden verdrängt wird. Die Äußerungen von Lernenden stehen aber nicht nur für Korrekturen zur Disposition, sie sind generell Angebote, die bewertet werden, so daß Schülerbeiträge als Antworten auf Lehrerfragen wiederum – wie in folgendem Beispiel – Lehreräußerungen initiieren:

L    What else started with an S sound that you like and that you can eat, Ernesto?
S    Sandwich
L    Sandwich. Good for you.

In diesem englischsprachigen Beispiel (vgl. Streeck 1979, S. 235) ist die unterrichtstypische Struktur von Lehrerfrage, Schülerantwort und Lehrerbewertung enthalten, wobei im letzten Beitrag vor das Lob („Good for you") die Akzeptierung des Gesagten durch Wiederholung plaziert ist. Primär ist demnach die Akzeptierung, so daß eine derartige Schülerantwort keine abschließende, sondern eine tentative Feststellung ist, die erst durch die Ratifikation rückwirkend in eine anerkannte Feststellung umgewandelt wird: „Sprechen im Unterricht wird damit auch im Hinblick auf die ihm zugrundeliegende Interaktionslogik zum verbalen Probehandeln" (a.a.O., S. 250).

## Untersuchungen zur gesprochenen Sprache

Aus linguistischer Perspektive erscheint die Konversationsanalyse als Teil der Dialoganalyse, die darüber hinaus die Forschungen zur gesprochenen Sprache und die Sprechakttheorie (s.u.) umfaßt (vgl. Adamczik 1995).

Bei den Untersuchungen zur gesprochenen Sprache geht es darum, in bestimmten Einzelsprachen Unterschiede zwischen mündlichem und schriftlichem Sprachgebrauch herauszuarbeiten, die durch Spontaneität beim mündlichen Sprachgebrauch und durch Beteiligung mehrerer Sprecher bei Face-to-Face-Interaktionen bedingt sind. Gesprochene Sprache wird definiert als „frei formuliertes, spontanes Sprechen aus nicht gestellten, natürlichen Kommunikationssituationen" (Schank/Schoenthal 1976, S.7). Unterschiede zur geschriebenen Sprache beziehen sich auf die Laut- und Silbenebene (Auslassen von Lauten, Lautvariation von Dialekt und Standard), auf die Satzebene (Ellipsen, Wiederholungen, Abbrüche, Korrekturen), auf Formulierungsverfahren (Um- und Neuformulierungen, syntaktische Parallelismen), auf die Lexik bzw. Semantik (Verkürzungen, Weglassungen, Anredeformen, Interjektionen). Als zusätzliche Ebene kommt bei der gesprochenen Sprache die Prosodik (Tonhöhenverläufe, Lautstärke, Sprechgeschwindigkeit, Stimmfärbung) hinzu. Durch steigende Intonation wird beispielsweise Offenheit signalisiert, Akzente auf bedeutungsschwachen Wörtern verweisen auf vorherige Stellen im gesprochenen Text. Über die Eigenheiten der gesprochenen Sprache (vgl. Schwitalla 1994) muß man sich bei der Beschäftigung mit sprachlicher Interaktion im klaren sein, um Abweichungen von diesen Standards nicht mit Abweichungen von der geschriebenen Sprache zu verwechseln.

In Deutschland wurde die gesprochene Sprache erst in den 60er Jahren zu einem Forschungsschwerpunkt in der Linguistik, die sich bisher primär mit der geschriebenen Sprache beschäftigt hatte. Auf der Basis von umfangreichen Korpora wurden zunächst grammatische, dann aber zunehmend auch kommunikative Aspekte der gesprochenen Sprache untersucht. Damit gerieten die dialogische Einbettung und die Situationsabhängigkeit des Sprachgebrauchs in den Blick. Demgegenüber sind die Konversationsanalyse und die Sprechakttheorie mehr daran interessiert, allgemeine Prinzipien der sprachlichen Interaktion aufzudecken.

14

## Sprechakttheorie

Bei der in den sechziger Jahren von John L.Austin und R.Searle entwickelten sprachphilosophischen Theorie der Sprechakte geht es um den Handlungscharakter von Sprache. Nicht nur der Inhalt sprachlicher Mitteilungen interessiert, sondern sogenannte illokutionäre Akte, die soziale Verpflichtungen oder Realitäten etablieren. Deshalb wird zwischen dem lokutionären Akt, d.h. dem Aussprechen von Inhalten, dem illokutionären, d.h. der Funktion der Äußerung, und dem perlokutionären Akt, also der Wirkung der Äußerung auf den Adressaten, unterschieden. Ausgangspunkt ist, daß die Sprecher als Handelnde mit bestimmten kommunikativen Absichten ihre Zwecke nur erreichen können, wenn sie sich an allgemein bekannte Muster halten. Als wesentliche Leistung dieser Richtung ist die Klassifizierung von Sprechakten anzusehen. So wird etwa zwischen konstativen, d.h. auf kognitive Verwendung abzielenden, repräsentativen, d.h. den Sprecher selbst darstellenden, oder regulativen, auf die praktische Verwendung gerichteten Sprechakten unterschieden.

Der gleiche Sprechakt kann mit unterschiedlichen sprachlichen Mitteln realisiert werden: Eine Aufforderung kann durch einen Befehl („Mach das Fenster zu!"), eine Frage („Kannst du das Fenster zumachen?"), aber auch durch eine Feststellung („Es ist kalt hier") ausgedrückt werden. Andererseits kann der Satz „Es zieht" mehrere Funktionen haben: Er kann dazu benutzt werden, um eine Bemerkung über die Temperatur zu machen, den/die Hörer aufzufordern, etwas dagegen zu tun, oder aber einfach ein Gespräch in Gang zu halten. Ein illokutiver Indikator wie die Aussageform ist also nicht identisch mit der Funktion der Äußerung. Das Problem der indirekten Sprechakte hat zuerst die sprachphilosophische Richtung der Sprechakttheorie, dann aber zunehmend auch die linguistische Pragmatik beschäftigt, also die Richtung innerhalb der modernen Sprachwissenschaft, die sich der Sprachverwendung widmet und deshalb von konkret Gesprochenem ausgeht. Von Forschern wie Labov und Finshel, Ervin-Tripp und Lakoff wurde analysiert, wie Bitten abgeschwächt oder verschärft werden. So wurde festgestellt, daß Abschwächungen über Wörter (im Deutschen „mal" und/oder „eben" – vgl. „Komm doch mal eben her"), über Sätze (im Deutschen „ich glaub", „ich dachte") oder über das Ersetzen eines Sprechaktes durch einen anderen (z.B. die Substitution einer imperativischen durch eine konstative Äußerung) bewerkstelligt werden. In der klassischen Sprechakttheorie von Austin und Searle wurden nur Einzelsprechakte untersucht, der Gesprächszusammenhang also nicht beachtet. Erst in letzter Zeit hat es Versuche gegeben, den Hörer als konstitutiven Bestandteil jedes kommunikativen Aktes zu verstehen und die Gesamtsituation, in denen Sprechakte geäußert werden, einzubeziehen.

So wurden in einer Arbeit zur ,classroom diplomacy' (Kuhn 1992) direktive Sprechakte deutscher und amerikanischer Professoren und Professorinnen auf der Basis von Tonbandaufzeichnungen kategorisiert und analysiert. Dabei interessierten Äußerungen wie die folgende, die Studierenden aus Erstsitzungen von Universitätsseminaren geläufig sein dürften:

> „Wie auf diesem einleitenden Zettel zu sehen ist, äh, soll sich die Veranstaltung auf einen Reader stützen, äh der hier äh vorliegt, und der (...) den Titel trägt XXX ähm, und eine Reihe von Aufsätzen äh beinhaltet. Übersetzungen, übersetzt zum Teil, übernommen ins Deutsche, die nun in ähm in der Veranstaltung bearbeitet werden sollen, und zwar im Hinblick auf Referate, die zu den einzelne Sitzungen ähm von Arbeitsgruppen zusammengestellt werden und mit einem Thesenpapier vorbereitet für die entsprechenden Veranstaltung äh vorbereitet werden, nich".

Die klassische pädagogische Frage, wie man Lernende motiviert oder auch ‚nur‘ zur Teilnahme bewegt, wurde anhand solcher konkreter Äußerungen unter Berücksichtigung des jeweiligen institutionellen Kontexts (Elite-Universität in den USA vs. deutsche Hochschule) und des Geschlechts der Lehrenden untersucht. Der vage Eindruck von unterschiedlich starker Machtausübung bzw. ihrer Relativierung konnte an den jeweils verwendeten Sprechakten und den unterschiedlichen sprachinternen und -externen Modifizierungsmechanismen exakt beschrieben werden.

## Musteranalyse

Den Sprung vom Sprechakt zur Sprechhandlung vollzieht die sogenannte funktionale Pragmatik, die am Zweck von sprachlichen Handlungen interessiert ist, an denen Sprecher und Hörer gleichermaßen beteiligt sind und die in Form gesellschaftlich ausgearbeiteter verbindlicher Muster auftreten (vgl. Titscher u.a.1998, S. 204ff). Bei der Musteranalyse wird der Gesamtzusammenhang beschrieben, in der Sprechhandlungen situiert sind, und nach sogenannten Schaltelementen gesucht, die dann klassifiziert werden. Das Finden von Stellen, an denen solche Schaltelemente auftauchen, führt zur Identifizierung eines Musters.

Ein solches Muster liegt als Tiefenstruktur einer Lehreräußerung wie

> „Ich schreibe den Satz einmal hin, damit es schneller geht."

zugrunde. Es handelt sich nämlich um ein Begründungsmuster, das folgenden Handlungsablauf aufweist:

- Der Sprecher S hat eine Handlung C abgeschlossen.
- S weiß durch ein Zeichen des Unverständnisses (Prä-E) von seiten des Hörers H, daß H C nicht versteht.
- S weiß, daß H eine positive Einstellung (E‘) oder eine negative Einstellung (E) zu C einnehmen wird, wobei die negative Einstellung eine Beeinträchtigung des Handlungssystems, die positive Einstellung eine Fortsetzung des Handlungssystems zur Folge haben würde.
- S strebt eine Fortsetzung an und muß H deshalb so beeinflussen, daß H die Alternative E‘ oder E in die Entscheidung für E‘ umformt.

16

- S verwendet deshalb ein Element D, das H zu dieser Umformung bewegen soll. D fungiert somit als Schaltelement.

Im zitierten Beispiel hat der Lehrer einen Satz an die Tafel geschrieben und bemerkt, daß dies von den Schülern nicht verstanden wurde. Um nun die Kooperation der Schüler zu sichern und den Unterricht fortzusetzen, wählt er eine Erklärung, die über die schulische ‚Zwangskommunikation' den Kommunikationstyp des ‚guten Einvernehmens' legt (vgl. Ehlich/Rehbein 1986, S. 132).

## Objektive Hermeneutik

Während linguistische Gesprächsanalysen eher von vorgegebenen Kategorien ausgehen und deren Vorkommenshäufigkeiten in bestimmten Situationen und Konstellationen feststellen, handelt es sich bei der ethnomethodologischen Konversationsanalyse um ein entdeckendes Verfahren, bei dem nicht Vorannahmen überprüft werden, sondern die Struktur des aufgezeichneten Gesprächs als sinnhaftes Handeln der Beteiligten rekonstruiert wird. In diesem Punkt trifft sie sich mit der von Oevermann entwickelten Objektiven Hermeneutik (vgl. Bergmann 1985, S. 310). Die im Rahmen der soziologischen Sozialisationsforschung entwickelte Methode wurde zwar zunächst auf Dokumente familialer Interaktion bezogen, ist aber prinzipiell auf alle ‚Texte', darunter auch visuelle, anwendbar.

Die in diesem Zusammenhang vorgeschlagene sequentielle Feinanalyse (vgl. Oevermann u.a 1979) geht von der – den realen Kontext ignorierenden – Überlegung aus, in welchen möglichen Handlungskontexten der erste Interakt in einer Interaktionssequenz situiert sein könnte. Sie umfaßt eine Reihe von Untersuchungsschritten, zu denen auch die Beschreibung der Funktion der einzelnen Interakte in der Verteilung von Interaktionsrollen und die Charakterisierung seiner sprachlichen Merkmale gehören. Die möglichen Lesarten von (sprachlichen) Handlungen werden so lange aufrechterhalten, bis sie durch den tatsächlichen Verlauf der Interaktion widerlegt werden. Aus der Spannung zwischen möglichen und tatsächlichen Bedeutungen soll die objektive, jenseits der subjektiven Intentionen der Handelnden liegende Sinnstruktur von konkreten Interaktionen erkennbar werden. Wie bei der Konversationsanalyse wird strikt nach dem tatsächlichen Verlauf vorgegangen, und es werden die einzelnen Interakte in ihrer wechselseitigen Bezogenheit analysiert. Vorgriffe sind bei der Analyse ebenso wenig erlaubt wie das Übergehen scheinbar nebensächlicher Passagen.

Für die sequenzanalytische Feinanalyse hat Oevermann ein Raster entwickelt, das Interpreten dazu anhalten soll, das Material sowohl möglichst intensiv, als auch – hinsichtlich der Lesartenproduktion – möglichst extensiv zu bearbeiten. In einer jüngeren Publikation ist die ursprüngliche check-list von Arbeitsschritten (vgl. Oevermann u.a. 1979) umformuliert worden. Die wichtigsten von ihnen lauten wie folgt:

- Welche Optionen ergeben sich für die nächste Sinneinheit? (Wie wird's weitergehen? Welche Argumente sind erwartbar? Was sind wichtige Verbindungsstellen im Text?)
- Wie kann die Sinneinheit nach dem Verständnis der Auswerter umformuliert werden? (Wie kann die Sinneinheit normalerweise verstanden werden, welche Bedeutung würde ihr ein ‚normaler‘ Leser/Hörer geben? Wie läßt sich die Aussage paraphrasieren (umschreiben, frei übertragen, verdeutlichen?)
- Was will die sprechende Person mit ihrer Aussage darstellen bzw. bei einem Hörer bewirken und welche Intentionen könnte sie haben? (Wenn man sich in die Rolle des Akteurs versetzt: Welche Bedeutung kann die Sinneinheit für diese Person haben? Welche Intention könnte sie damit wahrscheinlich verfolgen? Welche Interpretation wäre für sie akzeptabel?)
- Welche latenten Momente könnten der Sinneinheit zugrundeliegen und welche objektiven Konsequenzen für Handlungs- und Denkweisen oder das System können sich daraus ergeben? (Wie läßt sich der Text anders – aus der Sicht eines/r unbeteiligten Dritten – lesen? Was ergibt sich, wenn man mit unterschiedlichen Betonungen liest?)
- Welche Rollenverteilung ergibt sich aus der Sinneinheit? (Welche Beziehungen und Zuschreibungen zu (auch nicht direkt genannten) Personen werden genannt oder könnten in den Text hineinspielen?)
- Was bedeuten die verwendete grammatikalische Form (Aktiv, Passiv, Konditional usw.), die erwähnten Themen und Personen(gruppen), die sprachlichen Besonderheiten (Versprecher, Brüche, Wortwendungen und -verwendungen), die vorkommenden Selbstverständlichkeiten und Verallgemeinerungen? Worauf könnte sich der Sinn der Einheit noch beziehen? (vgl. Titscher u.a. 1998, S. 256f).

In veröffentlichten Untersuchungen, die nach dieser, neuerdings auch ‚Strukturale Hermeneutik‘ genannten Methode vorgehen, werden aus Platzgründen meist nicht alle Untersuchungsschritte wiedergegeben. Einen Eindruck von dem Vorgehen vermitteln solche Arbeiten vor allem dann, wenn sie nicht nur Ergebnisse mitteilen, sondern den Leser mit der ursprünglichen Lesartenzusammenstellung bekannt machen. Man vergleiche etwa die Analyse einer pädagogischen Interaktion im Kindergarten, die mit Worten der Erzieherin

„Wollt ihr nochmal das Spiel machen ‚Wir fahren mit der Eisenbahn‘?"

beginnt.

Dazu heißt es: „Der erste die Szene einleitende Interakt ist eine an alle Kinder adressierte Frage. Es werden keine Wünsche der Kinder nach einem bestimmten Spiel aufgegriffen, sondern die Erzieherin schlägt eines vor. Selbst wenn man vermuten könnte, daß schon vorher ein Kind der Erzieherin gegenüber den Wunsch nach diesem Spiel geäußert hätte, müßte sie dies in ihrer Ankündigung zum Ausdruck bringen (z.B. ‚Die P. wünscht sich dieses Spiel, habt ihr auch dazu Lust?‘). So aber sind die Antwortmöglichkeiten durch die Frage der Erzieherin auf eine Ja-Nein-Möglichkeit eingeschränkt. Falls die Kinder einen eigenen Vorschlag machen wollen, müssen sie im Interaktionsprozeß zuerst die Berechtigung der Erzieherin anzweifeln, das Thema der Gruppe bestimmen zu können. Dies setzt aber ein Mindestmaß an kommunikativen Fähigkeiten wie Metakommunikation voraus, die man bei

Kindern in der Altersgruppe von drei bis sechs Jahren nicht so einfach unterstellen kann. Der Bezug zu einem gemeinsamen Kontext zwischen der Erzieherin und den Kindern soll weiterhin dadurch aufrechterhalten werden, indem unterstellt wird, daß alle Kinder das angesprochene Spiel kennen. Auch dies scheint (...) für eine Kindergartengruppe eine zu voreilig getroffene Unterstellung zu sein, die vor allem die jüngeren Kindern überfordert. Durch den Spielvorschlag ist die Situation schon stark strukturiert.

Durch die Äußerung ‚nochmal' ließe sich zwar vermuten, daß dieses Spiel gerade zuvor einmal gespielt worden ist. Dies würde aber dann als eigenartig anzusehen sein, da der Wunsch der Wiederholung nicht von den Kindern ausgegangen ist, sondern von der Erzieherin. So erfüllt das angekündigte Spiel aber nur die Funktion eines Lückenbüßers. Bei dieser Bedeutung muß man jedoch davon ausgehen können, daß alle Kinder das Spiel und seine Regeln kennen. Im weiteren Text müßte sich erweisen, ob das zutrifft. Eine andere Interpretationsmöglichkeit besteht darin, daß unter ‚nochmal' eigentlich ‚wieder einmal' oder ‚auch noch' gemeint sei. Damit würde aber die Notwendigkeit der Einführung des Spiels oder des Hinweises auf die Art des Spiels weiterhin bestehen" (Aufenanger 1986, S. 209f).

## Diskursanalyse

Einen ähnlich großen Anwendungsbereich wie die Objektive bzw. Strukturale Hermeneutik Oevermanns beanspruchen solche Ansätze der Diskursanalyse[2], die auf dem Diskurskonzept von Michel Foucault und Pierre Bourdieu oder eher auf dem Ideologiekonzept von Louis Althusser, Michail Bachtin bzw. Antonio Gramsci beruhen. Solchen sich als ‚kritisch' einstufenden Ansätzen geht es um den sprachlichen Charakter sozialer und kultureller Prozesse, primär um Machtbeziehungen, die anhand von konkret geschriebenen und gesprochenen Texten nachgewiesen werden[3].

---

2  Im folgenden werden aus der Fülle bestehender Forschungsrichtungen zwei Ansätze dieser Richtung vorgestellt, die sich vor allem mit institutioneller Interaktion beschäftigen Der Begriff der Diskursanalyse ist – auch international – nicht eindeutig bestimmt: Zwischen der ‚Französischen Schule', der britischen Diskursanalyse und der deutschen Diskursforschung in der BRD oder der Gesprächsanalyse in der alten DDR bestehen große Unterschiede: „Das reiche semantische Potential des Ausdrucks ‚Diskurs' bietet besondere Möglichkeiten, die Vielfalt dessen, was an Forschungen zur Realität des sprachlichen Handelns durchgeführt wurde, zu bezeichnen. Diese terminologische Flexibilität hat freilich, wie stets, ihren Preis, nämlich den, daß man sich jeweils semantisch zu vergewissern hat, welche Traditionen aufgerufen, welche Konkretisierungen vorgenommen wurden" (Ehlich 1994, S.9).

3  Davon zu unterscheiden ist die Forschungsrichtung, die sich – beeinflußt von der Sprechakttheorie – dem Thema ‚discourse in the classroom' widmet (vgl. de Baugrande 1997, S. 443ff).

Mit der Objektiven Hermeneutik verbindet die Diskursanalyse im oben beschriebenen Sinn der gesellschafts- bzw. ideologiekritische Impetus: Nach Norman Fairclough[4], einem der prominenten Vertreter der Kritischen Diskursanalyse, wird zwischen Diskurs, d.h. zwischen Sprache als sozialem Ereignis, diskursivem Ereignis, d.h. einem konkreten Beispiel des Sprachgebrauchs, und Text, d.h. der geschriebenen oder gesprochenen Sprache, die in einem diskursiven Ereignis produziert wird, differenziert (vgl. Fairclough 1993, S. 138).

Diskursanalysen beginnen gewöhnlich mit einer Beschreibung der Textebene, bevor die diskursive Praxis interpretiert und die Beziehung zwischen diskursiven und sozialen Prozessen erklärt wird. So können auch auf der Basis mündlicher Interaktionen Aussagen über die Gesellschaft, in der diese stattfinden, gemacht werden. So arbeitet Fairclough am Beispiel eines genau transkribierten Arzt-Patienten-Gesprächs das für gegenwärtige westliche Gesellschaften typische Phänomen der ‚conversationalization of discourse‘ heraus, indem er zunächst auf der Textebene Widersprüche zwischen dem autoritären Frageverhalten des Arztes („are you you back are you back on it have you started drinking again") und der Abschwächung der Autorität durch Zustimmungslaute („hm") und Modalisierung („well look I'd like to keep you know seeing you keep you know hearing how things are going from time to time if that's possible") festhält. Auf der Ebene der diskursiven Praxis unterscheidet er zwei Diskurse, nämlich den der traditionellen ärztlichen Konsultation und den der Empathie und des Ratschlags, und erkennt in der spezifischen Mischung der beiden Diskurse den Ausdruck des Eindringens von privaten Diskursen in den öffentlichen Bereich, d.h. dessen ‚Konversationalisierung‘ (vgl. Fairclough 1995, S.98ff.).

Bei der von Ruth Wodak vertretenen Diskursanalyse wird die Behandlung sozialer Probleme betont und die Interdependenz von Sprache und Gesellschaft hervorgehoben: „We can ony make sense of the salience of discourse in contemporary social processes and power relations by recognizing that discourse constitutes society and culture, as well as being constituted by them" (Wodak 1996, S. 18). Erst die sorgfältige Analyse von Texten enthüllt deren Widersprüche, ihren ideologischen Gehalt und ihre Machtdimension. Aber: „Interpretations are never finished and authoritative, they are dynamic and open, open to new contexts and new information" (a.a.O., S. 20). Die Autorin hat ihre Methode u.a. im Rahmen einer Untersuchung über Formen der institutionalisierten Partizipation von Lehrern, Eltern und Schülern bei der Behandlung von Schulproblemen in Österreich entwickelt. Sie hat zunächst die darauf bezogenen gesetzlichen Vorschriften studiert und mit dem

---

4  Auf die von Utz Maas entwickelte historische Diskursanalyse, die durch ihre systematische Berücksichtigung von ‚Lesweisen‘ der objektiven Hermeneutik verwandt ist, wird hier nicht eingegangen, weil sie sich auf geschriebene Texte bezieht (vgl. Maas 1984).

tatsächlichen Ablauf solcher Meetings in den verschiedenen Schultypen konfrontiert. Neben Tonbandaufnahmen wurden die Ergebnisse einer teilnehmenden Beobachtung, Protokolle und Tiefeninterviews mit den Beteiligten ausgewertet. Sie konnte so nachweisen, daß in den entsprechenden Versammlungen von den vorsitzenden Schuldirektoren eine Reihe von sprachlichen Strategien angewandt wurde, um die erwünschten Resultate zu erzielen und die offiziell angestrebte demokratische Partizipation zu verhindern. Diese Strategien waren erst durch eine gründliche Analyse des Tonbandmaterials als solche zu erkennen, so daß die Taktik der Verschleierung durchaus erfolgreich war (vgl. a.a.O., S. 63ff).

## 2.2 Institution

### Begriffsklärung

Ebenso wie ‚Interaktion' bedarf auch der Begriff der Institution der Erläuterung. In der Alltagssprache werden darunter meist öffentliche Einrichtungen wie Schulen, Krankenhäuser, Behörden verstanden. Sozialwissenschaftlich wird unter einer Institution eine „soziale Einrichtung, die soziales Handeln in Bereichen mit gesellschaftlicher Relevanz dauerhaft strukturiert, normativ regelt und über Sinn- und Wertbezüge legitimiert" (Pieper 1997, S. 295) verstanden. In einem sehr viel allgemeineren Sinn haben sich Klassiker der Soziologie wie Emile Durkheim geäußert, der unter Institutionen soziale Tatsachen verstand und die Soziologie dementsprechend als Wissenschaft von den Institutionen charakterisierte. Arnold Gehlen sah in Institutionen das Ergebnis des Bemühens, über Gesetze, Einrichtungen, Verhaltensmuster, also über soziale Institutionen, Ordnungen herzustellen, die das gesellschaftliche Leben regeln sollten. Diese und weitere Definitionen zielen im Kern auf „die geregelte Kooperation von Menschen, ein Zusammenwirken und Miteinanderumgehen, das weder zufällig noch beliebig so geschieht" (Gukenbiehl 1995, S.96). Dies läßt sich – nach einem Vorschlag des Kulturanthropologen Bronislaw Malinowski ausdifferenzieren in die Elemente der Idee, des Personals, der Regeln sowie des ‚materiellen Apparats' von Institutionen. In jedem Fall geht es um den Anspruch auf (relativ) dauerhafte Geltung, die Koordinierung von Aktivitäten und die Entlastung von Improvisation und Risiko. Diese Entlastung wird ‚erkauft' mit einer Beschränkung von Handlungsspielräumen, wobei zu unterscheiden ist zwischen strengen, überfordernden und permissiven, unterfordernden Institutionen (vgl. Lipp 1995, S. 136).

Obwohl die Herausbildung von Institutionen durch die funktionale Differenzierung der Gesellschaft gefördert wurde, sind sie – wie die Kulturanthropologie zeigen konnte, Ausdruck der allgemeinen Natur menschlicher Gesellschaften. So wird auch aus einer interaktionistischen Sicht auf Institutionen hervorgehoben, „that the analysis of any concrete institutional pattern has to start from the existence of institutional arrangements as inherent in the very nature of human society; any such concrete pattern ist the result of the interactions between people placed in different structural positions and between the pressures of organizational and other environmental forces as they impinge on these activities" (Eisenstadt 1968, S. 412).

Die Erforschung von Institutionen sollte deshalb gerade die in ihr ablaufenden und sie konstituierenden Interaktionen berücksichtigen. Andererseits ist die Interaktionsforschung natürlich nicht der einzige Weg der qualitativen Institutionsanalyse. Daneben treten Methoden wie die Analyse von Dokumenten, Einzel- und Gruppeninterviews mit Agenten und Klienten von Institutionen, teilnehmende Beobachtung u.a. Als Beispiel sei auf Feldstudien von Organisationen, die nach der angeführten weiten Definition ebenfalls als Institutionen gelten können, verwiesen. Hier hat sich inzwischen eine Forschungsrichtung etabliert, die unter der Bezeichnung ‚ethonography in organizations' (Schwartzman 1993) firmiert.

Mit ihrer Hilfe ist es nicht nur möglich, die ungeschriebenen Gesetze, nach denen Organisationen bzw. Institutionen funktionieren, zu bestimmen; es ist auch möglich, Veränderungen bzw. die Auswirkungen von Veränderungen nachzuweisen. So können etwa Prozesse der Deinstitutionalisierung erfaßt werden. Dies gewinnt im Rahmen von aktuellen Modernisierungsprozessen unter dem Stichwort Organisationsentwicklung eine besondere Bedeutung – wie etwa Studien zum Qualitätsmanagement in Weiterbildungseinrichtungen zeigen (vgl. z.B. Stephan u.a. 1994).

### „Kommunikation in Institutionen"

Unter dem Begriff der „institutionellen Kommunikation" oder der „Kommunikation in Institutionen" hat sich mittlerweile eine sprachsoziologische Forschungsrichtung behauptet, die sich den konkreten, vorwiegend sprachlichen Interaktionen unter institutionellen Bedingungen widmet. Im deutschen Sprachraum wurde diese Richtung wesentlich durch Konrad Ehlich und Jochen Rehbein bestimmt. Ausgehend von einem Institutionsbegriff, der in diesen „Formen des gesellschaftlichen Verkehrs zur Bearbeitung gesellschaftlicher Zwecke" (Ehlich/Rehbein1979 bzw. 1994, S. 320f) sieht, konzentrieren sie sich auf die Kommunikation der Akteure, in der die jeweiligen Zwecke gemeinsam hervorgebracht werden.

In einem Überblicksartikel haben die Autoren unterschieden zwischen Institutionen der Produktion und Zirkulation (Handel), der individuellen Reproduktion (Familie) und der Ausbildung (Institutionen der Erziehung, Gesundheitswesen, Asyle, Ghettos und Gruppen) sowie zwischen juristischen, politischen, kulturellen und religiösen Institutionen. Ihrer Auffassung nach

ist die Sprache in Institutionen „weitgehend in repetitiven Abläufen organisiert, die durch die institutionsspezifischen Zwecke gesteuert werden", was
dazu führe, „daß viele sprachliche Handlungen in relativ starren Formen
verlaufen" (Ehlich/Rehbein 1979, S. 342). Allerdings sei es nicht zutreffend,
institutionelles Handeln als nicht-alltäglich zu charakterisieren: „Vielmehr
gibt es lediglich einige Institutionen, für die Nicht-Alltäglichkeit wesentlich
ist, besonders Subteile der religiösen Institutionen. Demgegenüber ist das gesellschaftliche Handeln weitgehend institutionalisiert" (a.a.O., S. 342).

Seit 1979 hat die Zahl der Untersuchungen zur institutionellen Kommunikation bzw. Interaktion stark zugenommen. Die Autoren selbst haben unter
dem Titel „Muster und Institution" eine Analyse schulischer Kommunikation
(Ehlich/Rehbein 1986) vorgelegt, die in methodischer und gesellschafts-
bzw. schulkritischer Hinsicht beispielgebend war. In der von ihnen herausge-
gebenen Reihe „Kommunikation und Institution" sind inzwischen über 20
Titel zu den unterschiedlichsten Institutionen und Mustern (Gericht, Einstel-
lungsgespräche, Sprachunterricht, ...) erschienen.

Ein Handbuchartikel von Wodak (1988) belegt die intensive For-
schungstätigkeit auf diesem Gebiet. Die Autorin weist darauf hin, daß die
Soziolinguistik sich zu Beginn vor allem mit schulischer Kommunikation beschäftigt hat. Neben der Abhängigkeit des Schulerfolgs von der schichtspezi-
fischen Sprache der Schüler interessierte die asymmetrische, die Lehrenden
begünstigende Kommunikation im Unterricht. Im Artikel werden Untersuchungen in den Bereichen Gesundheitswesen, Arbeitswelt, juristische Institutionen, Sozialamt behandelt. Als Tendenzen institutioneller Kommunikation werden Depersonalisierung/Anonymisierung, Ritualisierung, Militarisie-
rung (Befehlston in totalen Institutionen), Rationalisierung/Harmonisierung
hervorgehoben, es wird auf das generelle Problem von Macht und Unter-
drückung, Sprachbarrieren und Interessenkonflikte hingewiesen und für eine
Forschung plädiert, die Postulate für eine veränderte Praxis formuliert.

Von Becker-Mrotzeck ist 1990 ein Überblick erschienen, in dem detail-
liert Einzelforschungen referiert werden. Der Autor orientiert sich explizit an
einem alltäglichen Institutionenverständnis, das diese als „als verfestigte gesellschaftliche Teilbereiche mit einer eigenen Struktur" (S. 159) definiert und
berichtet über eine Reihe von Untersuchungen, die der Sprache im Gericht,
in der Schule, im Betrieb, in der Therapie, in der Bundeswehr, im Sozialamt
gewidmet sind. Einen besonderen Stellenwert nehmen zudem Beratungsge-
spräche (Studienberatung, Nichtseßhaftenberatung, genetische Beratungs-
stelle) ein. Zusammenfassend stellt der Autor fest, daß institutionelle Kommunikation auch in ihren Abfolgestrukturen die jeweilige Klientel strukturell
benachteiligt. Wichtig ist auch hier der Hinweis, daß Institutionen nicht eigene Kommunikationsmuster entwickeln, sondern alltägliche Muster für ihre
Ziele und Zwecke adaptieren.

Während die angeführten deutschen Arbeiten vorzugsweise den Ausdruck Kommunikation verwenden, hat sich im angloamerikanischen Sprach-

raum der Begriff der Interaktion durchgesetzt. Das ist auf den dort stärkeren Einfluß des Interaktionismus zurückzuführen, der sich etwa auch in dem Band „Talk at work. Interaction in institutional settings" (Drew/Heritage 1992) ausdrückt. Es geht dort um den „basically task-oriented exchange of talk between professionals and lay persons", und weiter heißt es: „(I)nteraction is institutional insofar as participants' institutional or professional identities are somehow made relevant to the work activities in which they are engaged" (a.a.O., S. 3f). Damit heben sich die Herausgeber von Analysemethoden ab, die unberücksichtigt lassen, wie Gesprächsteilnehmer gegenseitiges Verstehen erreichen. Die im Band zusammengestellten Beiträge sind nach einem Kapitel über theoretische Orientierungen nicht nach Bereichen, sondern nach Aktivitäten und Aktanten geordnet („The Activity of Questioners", „The Activity of Answerers", „The Interplay between Questioning and Answering"). Dem entspricht die konversationsanalytische Ausrichtung der Beiträge, die konkrete Fälle von ‚institutional interaction' aus den Bereichen Psychiatrie/ Medizin, Medien, Justiz, Polizei, Beratung analysieren. Institutionelle Interaktion wird hier durch ihre Orientierung an institutionellen Aufgaben und Funktionen und durch bestimmte Zwänge oder Obligationen gekennzeichnet, die sie von der Alltagskonversation, dem ursprünglichen Objekt der Konversationsanalyse, unterscheiden. Es wird aber auch darauf hingewiesen, daß die Idee einer durchgängigen Symmetrie in der Alltagskonversation und einer strikten Asymmetrie in der institutionellen Interaktion eine unzulässige Vereinfachung darstellt. So empfiehlt der Herausgeber, nicht vorschnell institutionelle Hierarchien als automatische Erklärung für Asymmetrien heranzuziehen und nicht jedes Phänomen auf asymmerische Beziehungen zwischen den Beteiligten zurückzuführen: „Research needs to show both the specific ways in which the participants' talk is oriented to role-related asymmetries and the consequences of such orientations for talk-in-interaction and its outcomes" (a.a.O., S. 53).

In den letzten Jahren haben sich innerhalb der Forschungsrichtung der institutionellen Kommunikation bzw. Interaktion zwei thematische Schwerpunkte gebildet: die interkulturelle und die geschlechtsspezifische Interaktion in Institutionen. Die durch den Rahmen von Institutionen vorgegebene Machtproblematik wird durch diese Sicht gewissermaßen potenziert, und die Frage der Parteilichkeit bekommt eine zusätzliche Bedeutung. In diesem Zusammenhang sei auf den Band „Die Geschlechter im Gespräch. Kommunikation in Institutionen" (Günthner/Kotthoff 1992) verwiesen. Dort nimmt der pädagogische Bereich mit den Kapiteln „Interaktion in der Schule" und „Interaktionen im Hochschulbereich" einen besonders großen Raum ein. Daneben werden aber auch der medizinische Bereich, Gericht und Psychotherapie, Fernsehdiskussionen, Parlament und Militär abgehandelt. Im Vorwort der Herausgeberinnen heißt es: „Generell soll in den vorliegenden Analysen Frauen keine passive Opferrolle zugewiesen werden. Obwohl die Frauen in kaum einer Institution das Sagen haben, sind sie dennoch als mehr oder weniger aktiv Teilnehmende

24

an der Konstruktion der betreffenden Institution – häufig in Form spezifisch weiblicher Arbeitsbereiche und Interaktionsformen – beteiligt und haben somit die Institution mitgeprägt. Nur wenn wir die Eigenaktivität der Frauen im Blick haben, können wir Veränderungen anvisieren" (a.a.O, S. 8).

## Interaktion in pädagogischen Institutionen

Nimmt man das in der oben beschriebenen Forschungsrichtung vorherrschende alltagsweltliche Verständnis von Institutionen zur Grundlage, dann richten sich Forschungen zur Interaktion in pädagogischen Institutionen auf

- schulische Einrichtungen (z.B. Hauptschulen, Realschulen, Gymnasien, Berufsschulen)
- sozialpädagogische Einrichtungen (z.B. familienergänzende Einrichtungen wie Kinderkrippen, Kindergarten, Einrichtungen der außerschulischen Jugendbildung wie Sportvereine, kommunale Freizeithäuser, Jugendbildungsstätten, Einrichtungen der Heimerziehung)
- Einrichtungen der Erwachsenenbildung/Weiterbildung (z.B. Volkshochschulen, gewerkschaftliche, konfessionelle und private Bildungseinrichtungen für Erwachsene, Weiterbildungseinrichtungen von Wirtschafts- und Berufsverbänden, Akademien parteinaher Stiftungen)
- Fachhochschulen und Universitäten
- Betriebe, in denen weiterbildende Maßnahmen angeboten werden.

Aus den in diesen Institutionen existierenden Interaktionsfeldern wird im folgenden die Lehr-Lern-Situation ausgewählt. Interaktionen wie die zwischen Lehrer und Vorgesetztem, Lehrer und Lehrerkollege, Pädagoge und Nicht-Pädagoge, Pädagoge und Kooperationspartner, hauptberuflichem und nebenberuflichem Mitarbeiter bleiben ausgespart. Der Blick ist primär auf die pädagogische Interaktion unter institutionellen Bedingungen gerichtet, nicht auf die Institution und die in ihr möglichen oder notwendigen Interaktionen wie der von Ehlich so genannte ‚homileische' Diskurs, der die Sphäre des Inoffiziellen wie Pausengespräche in der Schule betrifft. Pädagogische Interaktionen außerhalb von pädagogischen Institutionen bzw. in Institutionen, deren Ziele nicht primär pädagogische sind[5], werden nur am Rande gestreift.

Generell hat sich in der der unterrichtlichen Kommunikation gewidmeten Forschung die interpretierende gegenüber der überprüfenden Richtung durchgesetzt. Statt dem Beobachteten eine vorgegebene Kategorie zuzuord-

---

5　Daß pädagogische Absichten und Wirkungen auch außerhalb von pädagogischen Institutionen beobachtet werden können, wie es nicht zuletzt die These von der Pädagogisierung der Gesellschaft (vgl. Lüders u.a. 1995, S.209) nahelegt, betrifft zweifellos den Bereich der pädagogischen Kommunikation, jedoch kaum den durch die Kopräsenz der Beteiligten gekennzeichneten Bereich der pädagogischen Interaktion.

nen, wird zunehmend versucht, mit Hilfe unterschiedlicher hermeneutischer Methoden (s.o.) die Deutungsfülle von Daten auszuschöpfen (vgl. in diesem Zusammenhang Ehlich/Rehbein 1983, Kokemohr/Marotzki 1985, Ebert u.a 1986, Combe/Helsper 1994, Nolda 1996b, Arnold u.a. 1998).

Angesichts der gesellschaftlichen Bedeutung der schulischen Ausbildung ist es nicht verwunderlich, daß die darauf bezogene Unterrichtsforschung die Interaktionsforschung in anderen pädagogischen Feldern weit hinter sich läßt. Redder spricht bereits 1983 von einer kaum zu überblickenden Fülle der Literatur zum Thema „Kommunikation in der Schule" (vgl. a.a.O., S. 119). Ihre Einteilung ist auch heute noch plausibel. Sie unterschiedet nämlich zunächst zwischen

- den Analysemethoden schulischer Kommunikation, die nach wie vor eine große Spannbreite und ein Uneinheitlichkeit bezüglich der Transkriptionsverfahren aufweisen
- der Regelung der Kommunikation im Unterricht durch eine den Lehrer begünstigende und von Schülern oft erst zu erlernende Redezug-Organisation
- der Binnenstruktur des Unterrichtsdiskurses durch eine Dreigliederung des Gesamtablaufs in Eröffnungs-, Instruktions- und Beendigungsphase sowie der Frage-Antwort-Bewertungssequenz, durch spezifische Phasierungen und Prozessierungen des Aufgabe-Lösungs-Musters und schließlich durch Übergänge vom semi-institutionellen zum eigentlichen Unterrichtsgespräch
- dem Lehrer- und Schülerhandeln mit den lehrerseitigen Verfahren der thematischen Konzentration, der Steuerung, des Rephrasierens, Erklärens, Bewertens und nicht zuletzt der ‚Lehrerfrage' sowie den schülerseitigen Verfahren der Antwort-Wiederholung, dem Ausweichen vor institutionellen Anforderungen durch Witze oder Übertreibungen.

In ihrem Überblick werden aber auch Gebiete angesprochen, die über die eigentliche Unterrichtsinteraktion hinausgehen. Es sind dies

- die Erwartungsstruktur und das Handlungswissen der Aktanten, wie es durch Interviews oder Kommentierungen zur Sprache gebracht oder als theoretisches Modell formuliert werden kann, in dem zwischen verschiedenen Strukturtypen dieses Wissens (hinsichtlich der Erfahrungsverarbeitung einerseits und der Handlungsausrichtung andererseits) unterschieden wird
- die Handlungen außerhalb des zentralen Unterrichtsdiskurses, d.h. mündliche Aktivitäten während des eigentlichen Unterrichts wie Begleit-, Parallel- und Nebendiskurse, aber auch schriftsprachliche Aktivitäten wie Schülerbriefchen und Graffiti
- die Handlungsbedingungen und der Zweck der Institution Schule, der (wie in den achtziger Jahren noch üblich) im wesentlichen Selektion und symbolische Machtausübung bzw. – differenzierter – die Funktion ge-

sellschaftlicher Praxis als Vermittlung zwischen individuellem Handeln und gesellschaftlichen Apparaten zugesprochen wird.

## Erwachsenenbildung

Wenn auch der gesellschaftskritische Impetus mittlerweile seine einst beherrschende Rolle aufgeben mußte, so haben die oben angeführten Fragestellungen und Ergebnisse doch bis heute breite Verwendung gefunden, so daß es angebracht erscheint, der Frage nach der Interaktion in pädagogischen Institutionen einmal vom anderen Ende, nämlich von einem Bereich nachzugehen, der im Gegensatz zur Schule keine eindeutige und bundesgesetzlich fest verankerte institutionelle Struktur aufweist, keinen Sozialisationsauftrag hat und der mittlerweile sogar, nach einer Phase der Institutionalisierung in der Zeit der Bildungsreformen, Tendenzen der immer weiteren Spezialisierung, Ausgliederung oder gar Deinstitutionalisierung zeigt.

Die fragile und hinsichtlich zukünftiger Entwicklungen offene Institutionalisierung von Erwachsenenbildung (vgl. Schäffter 1998) begünstigt eine solche offene Betrachtungsweise, wie sie für eine Interaktionsforschung angebracht ist, die nicht von vorgegebenen Kategorien ausgeht, sondern diese selbst erst im Feld entdecken will. Der innerhalb des Bildungssystems eher randständige Bereich der Erwachsenenbildung erweist sich unter der Perspektive der gesamtgesellschaftlichung Schwächung von Institutionen und darauf abgestimmtem Kommunikationsmustern gewissermaßen als Vorreiter.

Die Affinität dieses Bildungsbereichs zu den Grundprämissen des Symbolischen Interaktionismus ist zunächst von Tietgens (1981) dargelegt worden, der „die Frage, wie Erwachsenenbildung als Prozeß zustande kommt, als einen Prozeß des Verhältnisses von Interaktion und Inhalten zu erfassen" (a.a.O., S. 13) versucht. Die Wendung vom ‚Leben im Modus der Auslegung', die dort als Kapitelüberschrift eingeführt wurde, ist vom Autor selbst und auch von anderen immer wieder aufgegriffen worden – ebenso wie die (allerdings von Mitscherlich übernommene) Metapher der „Erwachsenenbildung als Suchbewegung" (Tietgens 1986).

Auf die Frage der besonderen Beziehung zwischen Interaktion und Erwachsenenbildung ist zuletzt Mader (1998) ausführlich eingegangen. Dabei hat er die Affinität des Symbolischen Interaktionismus zu Bildungsprozessen der Erwachsenenbildung in den folgenden vier Punkten dargelegt:

1. „Das Interpretative Paradigma setzt einen Konsens nicht voraus, sondern beschreibt, wie in einem permanenten Fluß des Aushandelns von Bedeutungen Wirklichkeiten und Wichtigkeiten erzeugt werden. Es unterstellt, daß Menschen aufgrund von Bedeutungen, subjektiven Wahrnehmungen und Interpretationen handeln. Das Interpretative Paradigma versucht, Verfestigungen wieder zu verflüssigen und bespielsweise die Verdinglichungen des Stoffes („So und nicht anders!") wieder zu prozessualisieren.

2. Das Interpretative Paradigma lebt primär aus den vielfältigen Analysen von interaktiven Mikroszenen und institutionell begrenzten Ordnungen – zum Beispiel Krankenhaus, Gasthaus etc. Es ist nicht von Hause aus eine makrosoziologische Theorie.

3. Das Interpretative Paradigma nimmt an, daß sich soziale und personale Identität eines Handelnden erst aus seiner Teilnahme am Prozeß symbolischer Interaktion entwickelt bzw. weiterentwickelt. Identität oder Biographie als ‚identity over time' (...) wird ebenso wie die Struktur von Organisationen als Folge von verketteten Interaktionen – und nicht umgekehrt – betrachtet.

4. Symbolische Interaktionstheorien interessieren sich nicht nur für das im engeren Sinn interaktionelle Geschehen in Lernsituationen. Ihr Witz ist gerade, daß sie die übrigen Essentials des Pädagogischen: zum Beispiel stofflicher Gegenstand, vermittelnde Methode oder institutionelle Bedingungen gleichermaßen als verdichtete Ergebnisse von Interaktionsprozessen betrachten. Methode und Gegenstand einer Erwachsenenbildungssituation sind ebenfalls symbolische Konstruktionen, deren Bedeutungen selbst wieder in den Fluß des Aushandelns, das man hier Lernen nennt, zurückgeworfen werden" (a.a.O., S. 214).

Welche praktischen Probleme sich bei Interaktionsanalysen im engeren Sinn ergeben, soll deshalb im weiteren vor allem an Beispielen aus dem Bereich der Erwachsenenbildung beschrieben werden, der durch allgemeine Zugänglichkeit und Freiwilligkeit der Teilnahme mit der Folge einer mehr oder weniger starken Teilnehmerfluktuation bzw. eines Teilnehmerschwundes gekennzeichnet ist[6]. Weiter ist die prinzipielle Gleichberechtigung zwischen erwachsenen Lehrenden und Lernen hervorzuheben, die diesen Typ der pädagogischen Interaktion deutlich von der schulischen abhebt.

## Interaktionsanalysen in der Erwachsenenbildung

Ein wesentliches Motiv für die Durchführung von Interaktionsanalysen in der Erwachsenenbildung[7] war es zunächst, die diffus wahrgenommenen Lern- und Verständnisbarrieren bildungsungewohnter Teilnehmer auf den Begriff zu bringen und auf dieser Grundlage didaktische Verfahren oder Verhaltensempfehlungen für Kursleiter zu entwickeln, die realen Teilnehmern und interessierten Adressaten die Partizipation an Bildung und Wissen ermöglichen oder erleichtern sollten.

In Schalk (1975) wurden Mitschriften von Diskussionen mit Unterschichts- und Mitttelschichtssprechern nach den von Bernstein (1972) vorgegebenen Kennzeichen des elaborierten und des restringierten Sprachgebrauchs (z.B. die Verwendung hypotaktischer oder parataktischer Satzkonstruktionen) analysiert.

Von Weymann (1977) wurden in den Jahren 1974 und 1975 Kurse in der politischen Erwachsenenbildung untersucht. Die in diesem Rahmen durchge-

---

6  Veranstaltungen der verpflichtenden beruflichen bzw. betrieblichen Weiterbildung werden deshalb ausgespart.

7  Vgl. den ausführlichen Überblick in Nolda 1997.

führten ‚Kommunikationsanalysen' erforschten unter Berücksichtigung der Kodetheorie Bernsteins, der Sprechakttheorie und des Konzepts der Metakommunikation die Dimensionen Intentionalität, Reziprozität, Digitalität, Analogik, Dominanz, Retrospektivität.

Das Anfang der siebziger Jahre in Hannover durchgeführte Projekt zur Lehr-/Lernforschung von Siebert/Gerl (1975) hatte zum Ziel festzustellen, ob und unter welchen Bedingungen eine didaktisch-methodische Mitbestimmung von Kursteilnehmern stattfindet und gefördert wird. Zu diesem Zweck wurden für über 20 Veranstaltungen der sozio-kulturellen Erwachsenenbildung standardisierte Verlaufsprotokolle erstellt, die die mündlichen Beiträge von Teilnehmenden und Lehrenden nach ihrer didaktischen Funktion (Information, Informationsfrage, Interpretation, Interpretationsfrage bzw. Anregung, Bestätigung, Wiederholung, Zusammenfassung) rubrizierten.

Wiederum auf bildungsunerfahrene Teilnehmer bezogen war das von der Bundesregierung geförderte „Bildungsurlaubs-Versuchs- und Entwicklungsprogramm" (vgl. Kejcz u.a. 1979ff), in dem auf der Basis umfangreicher Beobachtungsprotokolle und Gesprächsmitschriften von Bildungsurlauben, geordnet nach den in den einzelnen Bildungsurlauben vorfindlichen Lehr-Lern-Strategien, vier ‚Problemfelder' identifiziert wurden, die eine jeweils unterschiedliche Anwendung des Prinzips der Teilnehmerorientierung enthalten. Nach den Problemfeldern „Aufgreifen von Teilnehmererfahrungen", „Kompetenzverteilung", „Verständigung über das Wissensangebot", „Behandlung von Deutungsmustern" wurde das Material geordnet und anhand einzelner Textbeispiele interpretiert.

Erst in den achtziger Jahren finden sich Untersuchungen, die unter dem Einfluß der Objektiven Hermeneutik sequentiell vorgehen und die Diskussion verschiedener Lesarten betreiben. In Ebert u.a. 1986 wird die Transkription eines kleinen Ausschnittes aus einer ‚Gruppeninteraktion' aus einem Arbeitslosenselbsthilfeprojekt zum Anlaß genommen, den Text zunächst sequenzanalytisch und dann von unterschiedlichen Standpunkten aus zu interpretieren.

Ein ähnlich ‚offener' Zugang kennzeichnet die Studie „Sprachinteraktion in Prüfungen" von Nolda (1990), in der das Sprach- und Interaktionsverhalten von Prüfern und Kandidaten in Zertifikatsprüfungen im Bereich Fremdsprachen mit Hilfe eines methodischen Verfahrens untersucht wird, das Elemente der Objektiven Hermeneutik mit denen der Konversationsanalyse verbindet (sequentielles Vorgehen, Berücksichtigung auch der unscheinbarsten Elemente, Lesartenvielfalt).

In Nittel (1993) wird das Verfahren der Konversationsanalyse im Sinne von Kallmeyer/Schütze (1976) auf einen Gesprächsausschnitt bzw. eine Lernsequenz in einem ökologischen Arbeitskreis angewandt.

Nach wie vor treten Interaktionsanalysen im Verbund mit anderen Untersuchungsmethoden auf: entweder ‚harten' quantitativen oder anderen ‚weichen' wie der teilnehmenden Beobachtung und Interviews – z.B. in einem 1993 begonnenen Forschungsprojekt über das Geschlechterverhältnis in Veranstaltungen der gewerkschaftlichen Bildungsarbeit (vgl. Derichs-Kunstmann 1995).

Ausschließlich der Erforschung der Beziehungen zwischen Interaktion und Wissen in der allgemeinen Erwachsenenbildung widmet sich eine Studie von Nolda (1996a). Dort werden anhand von größeren line-by-line-Analysen von Mitschnitten aus zwei unterschiedlichen Kursen im kontrastiven Vergleich Kategorien entwickelt, die dann an weiteren Beispielen aus Kursmitschnitten überprüft, differenziert und erweitert werden. In Verbindung mit einer Analyse der in den Kursgesprächen erkennbaren Diskurse (hier im Sinne Foucaults: von möglichen Aussagesystemen) wird der Versuch unternommen, anhand der sprachlichen Verfaßtheit des Kursgeschehens zu einer Gegenstands- und Funktionsbestimmung dieses Teils von Erwachsenenbildung zu gelangen, ohne gleich eine pädagogische Bewertung vorzunehmen.

Der Band „Lehren und Lernen im Modus der Aneignung" von Arnold u.a. (1998) radikalisiert die Lesartenperspektive, indem er – in Anlehnung an Sammelbände, in denen ein und derselbe Text von verschiedenen Autoren interpretiert wird[8] – den Ausschnitt aus einem Tagesmutter-Kurs zusammen mit einem Interview mit der Kursleiterin von verschiedenen Autoren bzw. Autorengruppen analysieren läßt. Der theoretische Hintergrund, die ausgewählten Stellen und vor allem auch die Segmentationen des Textes weichen mehr oder weniger stark voneinander ab, so daß der Leser unter Zuhilfenahme des abgedruckten Quellentextes das Zustandekommen der unterschiedlichen Interpretationen verfolgen und sich zu eigenen Interpretationen anregen lassen kann.

---

8    Vgl. z.B. aus soziologischer Sicht die „Interpretationen einer Bildungsgeschichte" von Heinze u.a. (1980) oder aus literaturwissenschaftlicher Perspektive die Modellanalysen von Kleists „Das Erdbeben in Chili" von Wellbery (1985).

# 3. Die Analyse von Interaktionen in pädagogischen Institutionen

## 3.1 Von der Fragestellung zur Datenaufbereitung

### Vorüberlegungen und -annahmen

Eine wesentliche Problematik von Interaktionsanalysen in pädagogischen Institutionen besteht in den Vorannahmen, die über pädagogische Interaktionen einerseits und bestimmte Institutionen andererseits bestehen. Die Versuchung, empirische Daten als Belege für ein bereits vorhandenes Wissen oder eine prinzipielle Einstellung zu verwenden, ist also groß. Insofern ist bei der Entwicklung einer Fragestellung zu beachten, daß es sich um ‚echte' Fragen handelt, auf die eine Antwort erst gesucht wird. Statt beispielsweise Belege für die Annahme zu sammeln, daß Lehrende dominieren oder daß Redebeiträge von Frauen weniger ernst genommen werden als die von Männern, sollte die – offene – Frage von Dominanzerscheinungen, -aushandlungen, -verteilungen gestellt und am Material überprüft werden. Vor allem aber ist davon abzuraten, Wertungen zum Ausgangspunkt zu nehmen. Fragen wie „Was ist ein guter Unterricht?" sind nur auf der Grundlage von Normen und Überzeugungen zu beantworten. Ebenso problematisch ist die Verwendung von Kategorien, die Wertungen implizieren. Das trifft etwa auch auf die von Lewin entwickelte Unterscheidung in ein autoritäres, ein sozial-integratives und ein Laisser-faire-Verhalten von Leitern gegenüber Gruppen zu (vgl. Lewin 1968, S. 117f.). Positiv an dieser bekannten Einteilung ist allerdings, daß sie auf beobachtbares Verhalten gerichtet und dementsprechend operationalisiert ist. Interaktionsanalysen können sich nur auf Beobachtungen beziehen; sie geben keine Aufschlüsse über das in pädagogischen Interaktionen angestrebte Lernen. Ob und vor allem was ein Schüler wie tiefgehend gelernt hat, ist nur bedingt an dem abzulesen, was er in einer unterrichtlichen Situation äußert. Vor allem ist nicht zu erkennen, was derjenige aufnimmt, der nichts oder nichts zum Thema Gehörendes äußert. Interaktionsanalysen können also die ‚black box' Unterricht öffnen, die ‚black box' des lernenden Subjekts jedoch bleibt ihnen weitestgehend verschlossen.

Es kann auch nicht darum gehen, nachträglich festzustellen, was die Beteiligten dachten oder was sie ‚eigentlich' gemeint haben. Unabhängig davon, daß es sehr schwierig sein dürfte, darüber zuverlässige Auskünfte zu erhalten und die Beteiligten selbst bei gutem Willen vielleicht nicht einmal imstande sind, dies im nachhinein darzustellen, geht es bei Interaktionsanalysen

‚nur' darum, Interaktionen möglichst präzise zu erfassen und zu interpretieren. Diese Interaktionen bilden gewissermaßen einen von ihren Produzenten unabhängigen ‚Text', den es zu lesen gilt. In diesem Text – so lautet die prinzipielle Vermutung – ist mehr enthalten als das, was diejenigen, die zu seinem Zustandekommen beigetragen haben, wissen. Ihm liegen Gesetzmäßigkeiten zugrunde, die rekonstruiert, aber von den Betroffenen kaum expliziert werden können.

Diese Annahme steht im Widerspruch zu einer technologischen Sicht auf Unterricht, die in diesem nur ein bewußtes Lehrer-Handeln und ein darauf bezogenes Schüler-Reagieren erkennt. Die Eigenart pädagogischer Interaktionen besteht allerdings darin, daß die bewußt strategischen Teile die Interaktion in ihrer Primärfunktion zwar prägen, sie aber nicht vollständig ausmachen.

Es ist aber natürlich nicht der Text allein, der ausgeschöpft werden muß. Die sich zu Beginn oder im Verlauf des Forschungsprozesses stellenden Fragen werden immer auch mit theoretischem Wissen beantwortet werden. Sich über dieses Rechenschaft zu geben bzw. zu prüfen, welche theoretischen Modelle der Fragestellung adäquat sein könnten, ist ein Gebot wissenschaftlichen Arbeitens. Zumindest muß erwähnt werden, ob zu der gewählten Fragestellung Theorien existieren und ob diese vollständig oder aber in Teilbereichen zu ergänzen sind. Wenn aus solchen Theorien Begriffe übernommen werden, sollten diese definiert werden – sei es in Übernahme des Vorgegebenen, sei es in einer dem Gegenstand angepaßten Abwandlung. Dabei ist zwischen dem Status von Theorien zu unterscheiden: d.h. zwischen der einfachen Beobachtung empirischer Regelmäßigkeiten, den ad-hoc-Theorien, den Theorien mittlerer Reichweite und den Theorien höherer Komplexität (vgl. Atteslander 1995, S. 46ff in Anlehnung an König). In dieser Aufzählung sind demnach auch ‚Laien'-, oder ‚Praktikertheorien' berücksichtigt, die bekanntlich gerade im pädagogischen Feld eine große Rolle spielen. Diese ernst zu nehmen bzw. sich über die eigene Beeinflussung durch diese Theorien klar zu werden, ist in jedem Fall notwendig – auch wenn sich im Verlauf oder am Ende der Untersuchung ihre Unhaltbarkeit oder ihr begrenzter Geltungsbereich herausstellen sollte. Das Problem bei der Beschäftigung mit dem pädagogischen Feld besteht ja gerade darin, daß es durch vielfältiges – häufig wertendes oder postulierendes – Wissen gewissermaßen verdeckt ist. Man sollte sich also bei der Entwicklung von Fragestellungen klar machen, in welcher Weise diese von den diversen Theorien und aktuellen Diskussionen indirekt beeinflusst sind. Nicht zuletzt sollte üblich werden, die eigenen Interessen und die eines eventuellen Auftraggebers offen zu legen. Besonders problematisch ist es natürlich, wenn mit Hilfe von Interaktionsanalysen die Güte einer selbst entwickelten Unterrichtskonzeption oder -methode belegt werden soll.

## Eingrenzung der Fragestellung und Vergleichsmöglichkeiten

Bei der Entwicklung einer Fragestellung muß relativ früh auch der Umfang der Untersuchung in Rechnung gestellt werden. Selbst wenn sich auf eine bestimmte pädagogische Institution beschränkt werden soll, ist es unrealistisch, die für diese insgesamt typischen Interaktionsformen und –muster als Forschungsfrage festzusetzen. Die Mannigfaltigkeit von Großinstitutionen wie Schule, Hochschule oder Volkshochschule macht eine Einengung auf bestimmte Bereiche notwendig. Solche Bereiche können von der Institution selbst gewählte sein – etwa Klassenstufen, Fächer bzw. Angebotsbereiche oder Unterrichts- bzw. Veranstaltungsformen. Sie können aber auch Phasen und Konstellationen betreffen, die von institutioneller Seite nicht oder kaum thematisiert werden wie die Eingangsphase im Studium oder spezielle Zusammensetzungen bei der Gruppe der Lernenden. Eine Eingrenzung kann aber auch aus allgemein interaktioneller Sicht geschehen. Hier sind Phasen wie der Beginn und das Ende einer Interaktion, die Entwicklung und Aushandlung von Themen, die Rollenverteilung unter den Beteiligten, das ‚Reparieren' von eigenen oder fremden Redebeiträgen von Interesse. Eine solche Sichtweise hat den Vorteil, die häufig mit Bewertungen verbundene pädagogische Perspektive zu verlassen und so eine größere Unvoreingenommenheit zu ermöglichen.

Generell ist damit zu rechnen, daß es im Verlauf der Entwicklung einer Fragestellung zu einer zunehmenden Eingrenzung und Präzisierung kommt, wobei nicht zuletzt Forschungsbedingungen wie Finanzierung, Personal, Zeitvorgaben und Feldzugänglichkeit eine Rolle spielen. Da die Phasen der Fragestellung, des Überblicks über die Literatur, der ersten Konfrontation mit dem Feld und der Datenerhebung meist nicht sauber getrennt werden (können), ergeben sich auch bei bereits angelaufenen Untersuchungen Modifizierungen und Präzisierungen. Dies kann im Extremfall dazu führen, daß nicht nur eine bereits formulierte Fragestellung abgeändert, sondern eine Fragestellung erst entwickelt wird. Wenn der Bereich feststeht, in dem geforscht werden soll, ist es möglich, quasi willkürlich Daten zu erheben oder auf bereits vorliegende zurückzugreifen und aus diesem Material eine Fragestellung zu schöpfen. So sind etwa Religionsunterricht-Protokolle zugänglich, die dazu einladen, „verschiedene Methoden der wissenschaftlichen Unterrichtsanalyse an ihnen zu erproben und weitere Zugänge zu entwickeln" (Faust-Siehl u.a. 1995, S. 1). Die ursprünglich im Zusammenhang der Frage nach dem Verhältnis von Elementarisierung und Entwicklungspsychologie erhobenen Daten, die die religiöse Entwicklung von Kindern und Jugendlichen, wie sie im Unterricht zum Tragen kommen und wie sie von Unterrichtenden wahrgenommen oder übergangen wird, belegen sollten, stehen jetzt zur Bearbeitung anderer Fragestellungen bzw. zur Entwicklung von solchen zur Verfügung.

Der angezielte Untersuchungsbereich kann in sich zu erfassen versucht werden, er kann aber auch mit anderen kontrastiert werden, um seine besondere Spezifik herauszuarbeiten. Erst auf der Folie ähnlicher Interaktionskonstellationen werden der Gegenstand und damit die Fragestellung präzisiert. Hier sind zwei Vergleichsrichtungen denkbar: die institutionsinterne und die -externe. Innerhalb der ersten Richtung wären etwa Interaktionsformen in einer geschlechtshomogenen Klassen mit denen in einer koedukativen Klasse, der Umgangsstil in amerikanischen im Gegensatz zu deutschen Universitäten zu vergleichen. Innerhalb der zweiten Richtung wären beispielsweise pädagogische Vergleiche der schulischen Interaktion mit der familialen, des gesteuerten Fremdsprachenerwerbs mit dem ungesteuerten, der Gesprächsgruppe in einer Bildungseinrichtung mit einem verwandten therapeutischen setting oder einer Talk-Show im Fernsehen zu plazieren. Gerade der Vergleich explizit pädagogischer mit implizit pädagogischen Interaktionen im ‚Leitmedium‘ Fernsehen könnte sich als fruchtbar erweisen, um die These der Pädagogisierung der Gesellschaft und der Pädagogik der Medien (vgl. Kade 1996, Nolda 1996a) empirisch zu belegen[9]. Das Anwachsen der elektronischen Kommunikation und ihre Inanspruchnahme auch für pädagogische Zwecke (Stichwort ‚Teleteaching‘) legt Vergleiche der Interaktion unter Anwesenden mit der synchronen oder zeitversetzten Kommunikation unter räumlich Entfernten nahe, wie sie aus linguistischer Sicht bereits vorliegen (vgl. z.B. Naumann 1995).

### Feldzugang

Ist die Fragestellung hinreichend präzisiert, kann das darauf bezogene Feld bestimmt und die Möglichkeiten des Zugangs eruiert werden. Dabei ist zu beachten, daß die Beobachtung von unterrichtlichen Interaktionen für die Beteiligten gewöhnlich eine Belastung darstellt. Die ‚Intimität‘ von Unterricht wird durch jede Fremdbeobachtung gestört, Unterrichtende fühlen sich auf dem Prüfstein, Unterrichtete fürchten um die Konservierung ihrer Rolle als Unwissende und um Verletzung von Persönlichkeitsrechten.

Auf jeden Fall ist die Zustimmung für Beobachtungen bzw. für Ton- und Bildaufnahmen einzuholen. Das betrifft nicht nur die Schul- oder Institutsleiter, die eventuell um den Ruf ihrer Einrichtung besorgt sind oder aber ‚Betriebsstörungen‘ befürchten, sondern vor allem die Unterrichtenden und auch die Unterrichteten – vor allem dann, wenn es sich um Erwachsene handelt. Es sollte ausreichend Zeit angesetzt werden, um den Verantwortlichen und den Betroffenen das Vorhaben und den konkreten Ablauf zu erläutern und sie von der Seriösität des Vorhabens zu überzeugen. Nicht oft genug kann auf die Zusicherung der Anonymität verwiesen werden – was bei reinen Tonaufnahmen, die dann transkribiert werden, naturgemäß einfacher ist.

---

9  Das schließt natürlich nicht aus, auch explizit ‚belehrende‘ Fernsehsendungen mit unterrichtlichen Interaktionen zu vergleichen (vgl. z.B. Partheymüller 1994).

Bei derartigen Gesprächen kann es auch um die Frage einer Kooperation, also um die Einbindung der Betroffenen in den Forschungsprozeß, gehen. Prinzipiell ist eher davon abzuraten, Betroffene an der Interpretation der Daten zu beteiligen. Eigeninteressen und mangelnde Distanz wirken sich hier meist störend aus. Anders ist dies, wenn betroffene Lehrer oder Seminarleiter ein starkes Forschungsinteresse und vielleicht sogar Erfahrungen auf diesem Gebiet haben. Es kann zum Beispiel sehr hilfreich sein, wenn solche Personen es selbst unternehmen, die von ihnen Unterrichteten von dem Vorhaben in Kenntnis zu setzen und sie die notwendigen Aufnahmen dann selbst organisieren, so daß die Störung durch Fremdbeobachter entfällt. So hat es sich als praktikabel erwiesen, Pädagogikstudenten, die diverse Kurse für Erwachsene hielten, zu bitten, unter der Voraussetzung der Zustimmung durch die Teilnehmer den gesamten Kurs auf Band aufzunehmen. Die Beteiligten konnten sich so an das mitlaufende Gerät gewöhnen, bis sie es im wahrsten Sinne des Wortes nicht mehr bemerkten.

Auf keinen Fall statthaft sind verdeckte Aufnahmen oder Aufnahmen ohne Einwilligung der Betroffenen. Auch ist der nachträgliche Einspruch gegen eine Verwendung von Daten ernst zu nehmen. Im Fall von Veröffentlichungen müssen Kennzeichnungen, die auf den Ort, die Institution, die Personen rückschließen lassen, vermieden werden. Auch die Anfertigung von Kopien und deren Verwendung außerhalb des Forschungsvorhabens[10] ist zu vermeiden. Dies sollte denjenigen, die sich für Forschungszwecke zur Verfügung stellen, mitgeteilt bzw. ausdrücklich zugesichert werden. Allein auf diese Weise und nicht durch Überrumpelung und Täuschung kann der Zugang zum Feld und eine vertrauensvolle Beziehung hergestellt und aufrechterhalten werden.

## Datenerhebung

Wenn feststeht, was aufgenommen werden soll und die notwendigen Vereinbarungen getroffen wurden, stellt sich die eigentliche Erhebung vor allem als technische Aufgabe dar. Erfahrungsgemäß wird dieser Bereich in vielen Projekten wenig sorgfältig behandelt oder an Spezialisten abgegeben. Eine solche Delegation kann sich aber unter Umständen negativ auf die Materiallage auswirken, so daß hier eindringlich dafür plädiert wird, auch dieser Seite des Forschungsunternehmens die nötige Aufmerksamkeit zu widmen.

Wenn, wie hier vorgeschlagen, Ton- und eventuell auch Videoaufnahmen gemacht werden sollen, ist eine hochwertige Ausrüstung Vorbedingung. Billigrekorder sind nicht in der Lage, Unterrichtsgespräche in einer Gruppe bis zu 20 Teilnehmern wiederzugeben. Dazu sind Aufzeichnungsgeräte mit

---

10  Davon unberührt ist die Herstellung anonymisierter Daten und ihre Bereitstellung für andere Forschungs- oder für Fortbildungszwecke.

qualitativ hochwertigen Richt- oder besser: Kugelmikrophonen nötig. Gleiche Qualitätsanforderungen sind auch an die Ton- oder Videokassetten zu richten. Aus technischer Sicht ideal sind Aufnahmen in eigens dafür eingerichteten schalldichten Studios. Die Vorteile werden allerdings mit der Künstlichkeit der Situation erkauft. Die Beteiligten werden kaum in der Lage sein, zu vergessen, daß sie aufgenommen werden. Um den Laboreffekt zu verhindern, sollte die natürliche Umgebung beibehalten und die Aufnahmegeräte so wenig sichtbar wie möglich aufgestellt werden.

Vor dem eigentlichen Einsatz ist es sinnvoll, sich mit der Bedienung der Geräte vertraut zu machen und sie auf ihre Funktionstüchtigkeit zu überprüfen. Es ist durchaus kein Einzelfall, daß Forscher, nach Hause angekommen, feststellen mußten, daß das Band nicht transportiert hat oder das Mikrophon nicht eingeschaltet war. Auch sollte darauf geachtet werden, daß ausreichend Bänder und Batterien zur Verfügung stehen. Es empfiehlt sich übrigens, einige Probeläufe zu machen, um die Geräte sicher zu bedienen, z.B. um Tonhöhen aussteuern, eine Kassette schnell wechseln oder einen Kameraschwenk sauber auszuführen zu können. Diese ersten Produkte sollten in der Forschergruppe begutachtet werden, um Probleme wie starke Nebengeräusche oder Bildunschärfen möglichst zu vermeiden. Bei der eigentlichen Aufnahme ist es sinnvoll, rechtzeitig am Ort zu sein, um den Unterricht so wenig wie möglich zu stören und vielleicht sogar eine kleine Probeaufnahme zu machen. Nach erfolgter Aufnahme ist es wichtig, die Materialien eindeutig zu beschriften, also Ort, Zeit, Institution, Art der unterrichtlichen Interaktion festzuhalten. Sinnvoll ist auch die Anfertigung eines Protokolls, in dem äußere Umstände sowie eventuelle technische Probleme vermerkt sind. Es kann auch hilfreich sein, wenn bei Tonaufnahmen Erklärungen für auffällige Geräusche angegeben werden oder wenn schriftlich protokolliert wird, was während eines Kassettenwechsels passiert ist. Um solche Wechsel zu vermeiden, kann man mit MiniDiscs arbeiten, die eine gegenüber herkömmlichen Tonkassetten wesentliche längere Aufnahmedauer haben und zudem über eine höhere Aufnahmequalität verfügen. Für die Transkription sollte allerdings auf eigene Transkriptionsgeräte (Memo Scriber) zurückgegriffen werden, die per Fußtaste eine bequemes Stoppen und Zurückspulen ermöglichen. Leider gibt es diese Geräte bisher nur für Normalkassetten, so daß auf andere Tonträger gespeicherte Daten umkopiert werden müssen.

Es ist übrigens zu empfehlen, daß diejenigen, die an der aufgezeichneten Interaktion beteiligt waren oder sie beobachtet haben, die Transkription, die oft genug unbeteiligten Sekretärinnen oder Studierenden überlassen wird, selbst herstellen oder sie zumindest nach ihrer Erinnerung überprüfen. Wenn eine Aufnahme trotzdem nicht vollständig verständlich ist, erfordert es die wissenschaftliche Redlichkeit, dies zu vermerken.

## Datenauswahl und -sortierung

Eine Datensammlung kann auf zwei Wegen zustandekommen: auf der Basis eines genauen Untersuchungsplans, der Art, Zahl und Dauer der Aufnahmen festlegt oder als Folge von immer wieder neu zu treffenden Entscheidungen im Verlauf des Forschungsprozesses. Im ersten Fall wird davon ausgegangen, daß das Material die vorab festgelegte Forschungsfrage beantworten kann, im zweiten wird die Forschungsfrage in Konfrontation mit dem empirischen Material erst entwickelt.

Im ersten Fall könnten nach Abschluß sämtlicher Aufnahmen diese in Gänze transkribiert werden, im zweiten wäre es denkbar, dies jeweils nach einer abgeschlossenen Aufnahme zu tun und auf der Basis dieses Materials die Entscheidung für die nächste Aufnahme zu treffen – etwa nach der Methode des minimalen oder maximalen Vergleichs, wie dies Glaser/Strauss (1967, S. 45ff) vorschlagen.

Es ist aber auch denkbar, kommentierte Inhaltsprotokolle der einzelnen Aufnahmen mit ausgewählten Zitaten anzufertigen und diese zum Ausgangspunkt des weiteren Vorgehens zu wählen. Ein solches Vorgehen ist zeitsparend und bei einem Interesse an deutlich erkennbaren Phänomen wie etwa der Beteiligung und dem Ausmaß der Redebeiträge der Beteiligten praktikabel. Wenn aber aus unscheinbaren, marginal wirkenden Phänomenen die Antwort auf die sehr allgemeine Frage gesucht wird, was – im Sinne Oevermanns – eigentlich der Fall ist, sind Zusammenfassungen und Vorsortierungen kontraproduktiv.

Zum Beleg dafür, wie ergiebig gerade auch unscheinbare Passagen sind, mag der Einschub dienen, der im Transkript einer medizinischen Vorlesung zu finden ist, in der der Dozent (D) anhand eines mitgebrachten Lehrbuchs das Thema Frakturen und Luxationen behandelt. Das Transkript beginnt mit den Worten „.... dann steht hier drin: sekundäre Komplikationen bei – ". Der nächste Eintrag ist ein Einschub und lautet:

D       für die, die später gekommen sind

Der Autor einer objektiv-hermeneutischen Interpretation erkennt nach der Diskussion mehrerer Lesarten folgendes: „Statt pädagogisierend das Späterkommen einiger Studenten aufzugreifen, gibt der Dozent der Sache Vorrang und unterbricht sich selber im Vortrag, um eine wichtige Information ohne Umschweife nachzutragen. Man kann dies vorsichtig als einen ersten Hinweis auf die Struktur sozialisatorischer Interaktion im Medizinstudium verstehen: Es geht nicht um sanktionierende Pädagogik, aber auch nicht um unverbindliche universitäre Bildung, sondern um (professionelle) Verantwortlichkeit für die Sache" (Burkart 1983, S. 32).

Das weitere Vorgehen im Sinne des Überprüfens bestimmter Thesen ergibt sich erst aus der intensiven Beschäftigung mit kleinen bis kleinsten Datenmengen. Dabei ist es gleichgültig, welcher von vergleichbaren Texten als erster vorgenommen wird – im vorliegenden Fall war es sogar einer, der auf den ersten Blick nicht sehr ergiebig erschien; „dennoch wurde er ausgewählt, um den Verdacht zu entkräften, daß ein Text besondere Auffälligkeiten zeigen müsse, um eine fruchtbare Interpretation zu ermöglichen" (a.a.O., S. 29, Fn.9). Ein reines Schöpfen aus dem Material ist aber nicht möglich. Das zeigt nicht zuletzt das vorstehende Beispiel, in dem die theoretisch allgemein bearbeitete Frage der universitären Sozialisation in verschiedenen Fachkulturen empirisch an einem Einzelfall bearbeitet und das Ergebnis dann mit der vorfindlichen Theorie konfrontiert wird.

Auch wenn eine andere Methode als die der Objektiven Hermeneutik gewählt wird, ist die exemplarische Analyse eines Ganztexts, aus dem die wesentlichen Kategorien entnommen werden, ein gangbarer Weg, um das Material zu sortieren. Die vorschnelle Sammlung von isolierten Belegstellen ignoriert demgegenüber die für die Analyse von Interaktionen prinzipiell zu beachtende Sequentialität und den Kontextbezug.

In der Regel führt die exemplarische Ganztextanalyse zur Herausarbeitung von Kategorien, nach denen das übrige Material durchforscht werden kann. Daten, die in dieser Hinsicht unergiebig sind, sollten aber nicht sofort ad acta gelegt werden. Es kann auch in späteren Phasen der Beschäftigung mit dem Material immer wieder passieren, daß bisher Übersehenes oder für Irrelevant Erachtetes plötzlich eine Bedeutung gewinnt und bereits Ausgesondertes dann doch bearbeitet werden muß. Auf keinen Fall sollten Belegstellen, die bereits akzeptierte Thesen in Frage stellen, ausgemerzt werden. Diese geben im Gegenteil Gelegenheit, Thesen zu schärfen oder aber Erscheinungen als Teil eines Kontinuums zu begreifen, für das erst noch ein Oberbegriff gesucht werden muß.

‚Irritierende‘, d.h. in ihrer Bedeutung unklare oder widersprüchliche Stellen können auch zum Ausgangspunkt von Analysen gemacht werden. An ihnen wird häufig das Problem erkennbar, das sich in ‚glatten‘ Texten eher verbirgt. Irritierend sind Interaktionen, die jeder Erwartung widersprechen und damit Vorannahmen falsifizieren, irritierend sind aber auch Interaktionen, die Erwartungen entsprechen und gleichzeitig enttäuschen. Gerade diese Zweideutigkeit ist aber in der modernen institutionellen Kommunikation mehr denn je anzutreffen. Traditionelle Schemata der Machtverteilung lösen sich auf – nicht in ihr Gegenteil, sondern in Mischformen und Ironismen.

Wenn auf die eine oder andere Art ‚Schneisen‘ in das Material geschlagen sind und die Auswahl feststeht, sollte für die weitere Bearbeitung und Präsentation eine einheitliche Verschriftlichung vorgenommen werden.

## Datenaufbereitung durch Transkription

Das Problem jeder Transkription, d.h. der Übertragung von Gesprochenem in Geschriebenes, besteht in der damit verbundenen Reduktion. Es ist nicht möglich, den Gesamteindruck, den eine gehörte Äußerung hervorruft, ohne Verluste in einem Schriftbild zu reproduzieren: Tiefe und Höhe oder die Färbung einer Stimme sind nicht übertragbar, Lautstärke und Intonation nur unvollständig erfaßbar.

Trotzdem sind Transkriptionen sinnvoll: Sie dienen der Handhabbarkeit des Materials und seiner Kommunizierbarkeit. Bei dem Versuch, eine möglichst exakte Transkription herzustellen, ist die Gewöhnung an schriftsprachliche Konventionen ein Problem. Auch die Wiedergabe von ,natürlichen' Dialogen ist in der Regel schriftsprachlich bereinigt. Man vergleiche etwa den folgenden Dialog, mit dem ein zeitgenössisches deutsches Theaterstück („Nicht Fisch nicht Fleisch" von F.X.Kroetz) beginnt:

Edgar   Kennst du des?
Emmi   Was?
Edgar   *lacht, schaut auf den Bettvorleger zu seinen Hausschuhen:* Wenn die genau in Reih und Glied stehen, dann bringt es ein Glück, und wenn nicht, dann passiert was (Rach 1985, S. 261).

Hier ist zwar versucht worden, Alltagssprache mit ihren typischen vagen Verweisen („des", „die"), Verschleifungen („was" statt ,etwas') und dialektalen Varianten („des" statt ,das', „ein Glück" statt ,Glück'), wiederzugeben, die Orthographie ist aber weitgehend und die Interpunktion vollständig der schriftsprachlichen Norm angepaßt. Ob die Figur Edgar wirklich „stehen" oder nicht vielleicht „stehn" sagt, ist ebenso unklar wie die Sprechweise, d.h. mit welchen Längen oder mit welchem Nachdruck, ob laut oder leise, schnell oder langsam gesprochen wird. Immerhin ist hier – wie in Theaterstücken üblich – das Verfahren der Textnotation angewandt worden, d.h., die Sprecherbeiträge werden in einzelnen Textblöcken notiert, vor denen der jeweilige Sprecher angegeben ist. Außerdem sind außersprachliche Tätigkeiten wie das Lachen und das Betrachten eines bestimmten Gegenstands vermerkt.

Das Verfahren der Textnotation ist besonders gut geeignet, wenn sich Sprecher hintereinander und nicht gleichzeitig äußern. Wenn es aber darum geht, ein gleichzeitiges Sprechen mehrerer Personen zu verdeutlichen, bietet sich die sogenannte Partiturnotation an, die für die Präsentation von Simultaneität in der Musik entwickelt wurde. Jedem Sprecher ist eine Partiturzeile zugeordnet, so daß im vertikalen Vergleich der innerhalb einer Klammer zusammengefaßten Zeilen Gleichzeitigkeiten, Überlappungen, Ins-Wort-Fallen genau erkennbar sind. Das folgende leicht vereinfachte Beispiel ist der berufspraktischen Ausbildung im Bergbau entnommen (Redder/Ehlich 1994, S. 168) und gibt den Redewechsel zwischen einem Ausbilder und einem Schüler wieder:

| A: | Dann ist noch drauf zu achten, daß diese einzelnen . |
|---|---|

| A: | Lagen hier genauestens überein | aneinander- |
|---|---|---|
| S1: | | aneinanderliegen |

| A: | liegen. Warum wohl? | |
|---|---|---|
| S1: | | denn sonst würde ja der Druck un- |

| A: | | Nö. dat/ | |
|---|---|---|---|
| S1: | gleich werden. | Würden die einzelnen äh . mehr |

Hier ist genau zu erkennen, daß der Auszubildende S1 ‚mitdenkt‘, indem er den vom Ausbilder begonnenen Satz vollendet. Obwohl er nicht den vom Ausbilder geplanten Ausdruck (entweder ‚übereinanderliegen‘ oder ‚übereinstimmen‘) wählt, greift dieser die Formulierung von S1 auf und bestätigt damit dessen Richtigkeit. Er verbessert sich damit selbst. Das durch die Korrektur und ihre Übernahme etablierte Rollenverhältnis kehrt sich dann in der Frage des Ausbilders um. Die Antwort des Schülers wird als falsch zurückgewiesen, der Schüler versucht, ohne die Erklärungen des Ausbilders abzuwarten, eine zweite Antwort.

Eine weitere Variante stellt das Zeilenblockverfahren dar, in dem jedem Sprecher mehrere Zeilen zugeordnet werden, so daß nonverbales Verhalten oder Kommentare der Transkribenten in jeweiligem Bezug zum Gesprochenen verzeichnet werden können. Im oben angeführten Beispiel aus dem Kroetz-Stück dagegen ist nicht klar, ob der Sprecher zuerst lacht, dann auf den Bettvorleger schaut und schließlich seine Erklärung abgibt oder ob er die Erklärung bzw. einen Teil davon lachend hervorbringt und dabei auf den Bettvorleger schaut. Die Schreibweise suggeriert ersteres, in der Aufführungspraxis dürften die letzteren Varianten vorherrschen.

Wenn man sich klarmacht, wie sehr Wahrnehmungen und Reaktionen von optischen Eindrücken bestimmt sind, muß man eine Konzentration auf Hörbares eigentlich als unzumutbare Einschränkung begreifen. Dieser ‚Nachteil‘ wird nun aber ausgeglichen durch die technisch bedingte Möglichkeit der Fixierung und der Überprüfung: Weil in einem real ablaufenden Gespräch gerade wegen der optischen Eindrücke, aber auch wegen der eigenen Befindlichkeit (Desinteresse, Abgelenktheit, Nervösität,...) nur selten eine volle Konzentration auf das Gesprochene erfolgt, werden Inhalte, Absichten und Gefühle gewöhnlich auf mehreren Ebenen übermittelt: Augenbewegungen, Gesten und der Gesichtsausdruck unterstützen das Gesagte. Ein Problem kann die Reduktion auf die auditive Ebene dann bieten, wenn auf Dinge hingewiesen wird, diese aber nicht benannt werden. Aus Äußerungen wie „Probieren Sie's einmal" oder „Dann würde ich gerne jetzt mit Ihnen diesen Artikel besprechen" ist nicht erkennbar, was probiert und welcher Artikel besprochen werden soll.

Es gibt demnach Angaben zum Kontext, auf die bei Transkriptionen nicht verzichtet werden kann. Das betrifft zum einen den übergeordneten Zusammenhang, in dem pädagogische Interaktionen stattfinden, zum anderen spezielle Erläuterungen, ohne die das Transkribierte nicht verständlich ist. In der erwähnten Dokumentation „24 Stunden Religionsunterricht" wurden etwa die Klassenstufen, die Schulart und die Konfession notiert (vgl. Faust-Siehl u.a. 1995). Zu speziellen Erläuterungen können Angaben zu Geräuschen (Straßenlärm, Tischrücken, Türöffnen,...) oder zu Passagen, in denen nichts gesprochen wird, gehören. Es macht einen Unterschied, ob eine Pause entsteht, weil jemand den Raum verläßt, weil schweigend nachgedacht oder eine Handlung ausgeführt wird.

Bei der Transkription ist das Vermerken von Pausen und Sprechweisen unverzichtbar. Auch sollte beim Abhören von Audioaufnahmen nicht nur auf sprachliche Einheiten geachtet werden. Lachen und Räuspern können ebenso wichtige Aufschlüsse geben wie Pausen, besonders lautes oder leises Sprechen und die in der gesprochenen Sprache so häufigen Verzögerungspartikel, die übrigens besser mit „äh" statt mit „eh" (umgangsprachlich für ‚sowieso', z.B. in ‚Das ist jetzt eh zu spät') transkribiert werden sollten. Eine geglättete, der schriftsprachlichen Norm angepaßte Transkription ist für Interaktionsanalysen in den meisten Fällen nicht ausreichend, und das Tonmaterial sollte – zumindest in Ausschnitten, und vor allem bei strittigen oder besonders interessanten Passagen – in allen seinen Dimensionen genutzt werden.

Dazu gehört auch die Überlegung, inwieweit von der korrekte Schreibweise zugunsten der tatsächlichen Schreibweise abgewichen werden kann. Die radikalste Lösung ist die Transkription nach der phonetischen Umschrift. Diese sichert Genauigkeit, erfordert aber eine längere Einarbeitungszeit. Eine gangbare Alternative ist die modifizierte orthographische Transkription, die dialektale und umgangssprachliche Varianten berücksichtigt und auch außerhalb der wissenschaftlichen Beschäftigung mit gesprochener Sprache Verwendung findet (so auch im Text von Kroetz). Ob ein Sprecher z.B. mit dialektaler Färbung oder betont lässig spricht, kann durchaus relevant sein – z.B. dann, wenn die anderen Beteiligten sich davon abheben oder aber sich anzugleichen versuchen. In Unterrichtssitationen ist häufig ein antizipierendes ‚Anbiedern' von Lehrkräften zu beobachten, das der Absicht entspringen kann, Nähe und Unkompliziertheit zu suggerieren. Das sind aber zunächst nur Vermutungen, die aber auf der Basis des Gesamtmaterials bestätigt oder verworfen werden können.

Kompromisse bei der Transkription werden manchmal auch bei der Interpunktion gemacht, indem einige Zeichen (z.B. das Fragezeichen) übernommen, andere (z.B. der Punkt) mit differierenden Bedeutungen belegt werden. Das Problem ist der beschränkte Vorrat an allgemein verfügbaren diakritischen Zeichen. Wenn – wie hier empfohlen – parasprachliche Phänomene unaufwendig notiert werden sollen, ist es besser, ganz von den herkömmlichen Konventionen abzuweichen und den diakritischen Zeichen generell neue Bedeutungen zuzuweisen. Dies mag ungewohnt sein, verhilft aber zu Eindeutigkeit. In vielen konversationsanalytischen Arbeiten werden diese Zeichen, um Verwechselungen mit ihrer herkömmlichen Bedeutung zu vermeiden, in Klammern gesetzt. Generell ist darauf zu achten, daß Transkriptionen ‚lesbar' bleiben. Ein System, das zur Bezeichnung parasprachlicher Phänomen mehr Zeichen benötigt als zur Wiedergabe des Gesprochenen, ist nur für einen engen Kreis sprachwissenschaftlicher Spezialisten geeignet.

Ein Problem bei der Audio-Transkription von Interaktionen, an der viele Personen beteiligt sind, ist die Zuordnung der Sprecher, die am besten mit anonymisierenden Siglen (z.B. T1 für Teilnehmer 1) bezeichnet werden. Schwierig wird dies bei ähnlichen Stimmen oder in Fällen, in denen Personen nur kurze Äußerungen oder gar nur einzelne Laute von sich geben. Es kann nun aber gerade in unterrichtlichen Situationen sehr wichtig sein, von wem zustimmende oder ablehnende Signale kommen. Auf keinen Fall darf hier ‚geschummelt' werden. Wenn ein Sprecher auch nach wiederholtem Anhören nicht identifiziert werden kann, sollte dies mit Hilfe eines Fragezeichens vermerkt werden. Bei der Interpretation sind dann mehrere Möglichkeiten nach ihrer Wahrscheinlichkeit zu diskutieren. Es ist auch nicht unwichtig, die Geschlechtszugehörigkeit der Sprecher zu vermerken.

Zur besseren Orientierung bei längeren Texten wird empfohlen, die Zeilen zu numerieren. Diese Zählung ist zwar willkürlich, hilft aber, sich zurechtzufinden. Die Zählung kann in vielen Textverarbeitungsprogrammen automatisch durchgeführt werden. Am komfortabelsten sind spezielle Transkriptionsprogramme, die häufig auch mit zusätzlichen, die Datensortierung und –bearbeitung erleichternden Funktionen ausgestattet sind (z.B. WinMAX oder HIAT-DOS). Nicht vergessen werden sollten auch in gewissen Abständen Angaben des Bandzählwerks. Zur Präsentation und Bearbeitung einer Transkription gehören Angaben zum Inhalt der Aufnahme (Ort, Zeit, Situation, Beteiligte; eventuell auch Thema) und zur verwendeten Transkription. Eine solche Legende, die die genannten Überlegungen berücksichtigt und bei der Bezeichnung der Beteiligten auf die pädagogische Situation der Erwachsenenbildung bezogen ist, kann wie folgt aussehen:


## Transkriptionszeichen und Abkürzungen

| | |
|---|---|
| X' | steigende Intonation |
| X, | fallende Intonation |
| X- | Intonation in der Schwebe |
| <u>geschickt</u> | auffallende Betonung |

| | |
|---|---|
| gu:t | Dehnung eines Vokals |
| äh, ähm | Verzögerungspartikel |
| . | kurzes Absetzen |
| .. | kurze Pause |
| ... | längere Pause (Pausen, die mehr als 3 Sekunden dauern, werden mit genauer Zeitangabe vermerkt.) |
| & | schneller Anschluß |
| ((Lachen)) | Charakterisierung außersprachlicher Vorgänge |
| (leise) | Charakterisierung der Sprechweise, innerhalb eines Redebeitrags, aufgehoben durch * |
| Hm | eingipfliges Rezeptionssignal |
| Mhm | zweigipfliges Rezeptionssignal |
| (x?) | vermutetes Wort |
| /.../ | Auslassung |
| KL | Kursleiterin |
| KL | Kursleiter |
| T1, 2,... | Teilnehmerin 1, 2,... |
| T1, 2,... | Teilnehmer 1, 2,... |
| T? | nicht zu identifizierende Teilnehmerin |
| T | mehrere Teilnehmer |

Diese (leider nicht allgemeingültigen) Konventionen sind insofern praktikabel, als sie nicht allzu weit von der gewohnten Orthographie entfernt sind und keine allzu lange Gewöhnungszeit benötigen. Der folgende nach diesem System transkribierte Ausschnitt stammt aus einem EDV-Kurs, in dem jeweils zwei Teilnehmerinnen an einem PC sitzen und die Dozentin durch die Reihen geht und sich an eine solche Zweiergruppe wendet:

KL:    Ham Sie sich mal abgewechselt'&ham Sie auch mal versucht'
T1:    (leise) Ich bin überhaupt nicht (unverständlich) normalerweise (unverständlich)
KL:                          (bittend) Probiern Sies einmal
KL:    (bittend) Probiern Sies einfach

Aus dieser Transkription ist zu entnehmen, daß die Kursleiterin sich zunächst mit einer Frage an die beiden Teilnehmerinnen wendet, dann schnell diese Frage umformuliert, so daß sie nur an eine der beiden gerichtet ist. Jene antwortet leise und teilweise unverständlich. In den Redebeitrag der Teilnehmerin hinein formuliert die Kursleiterin ihre Bitte: zweimal mit einer leichten Variation.

    Bei Videoaufnahmen kann für die Transkription visueller Aktivitäten (Blickrichtungen, Kopfhaltungen und Gesichtsausdruck) eine zusätzliche Zeile eingeräumt werden. Im zitierten Beispiel sieht das folgendermaßen aus:

*KL:*    *Monitor    Teilnehmerinnen    T2*
KL:    Ham Sie sich mal abgewechselt'&ham Sie auch mal versucht'

T2:    (leise) Ich bin überhaupt nicht (unverständlich) normalerweise (unverständlich)
*KL:*    *lächelt T2 an                    neigt Kopf seitwärts und zurück*
KL:    (bittend) Probiern Sies einmal

| KL: | *neigt Kopf seitwärts* | *lacht lautlos und zieht etwas den Kopf ein* |
|---|---|---|
| KL: | (bittend) <u>Probiern</u> Sies einfach | |

Dieser erweiterten Transkription ist zu entnehmen, daß die Kursleiterin zunächst die Arbeitsergebnisse der beiden Teilnehmerinnen auf dem Monitor prüft und sich erst dann an sie wendet. Ihre Vermutung, daß sich nur eine der beiden am Computer versucht hat, ist also vermutlich aufgrund der auf dem Monitor sichtbaren Arbeitsergebnisse entstanden. Was bereits in der Audiotranskription deutlich wurde, nämlich ihr vorsichtiges Vorgehen, wird durch die Videotranskription bestätigt. Bestätigt wird auch ihre vorsichtige Art, in der sie auffordert. Was im bittenden Ton der Höraufnahme deutlich wurde, wird bei Ansicht des Films ‚sichtbar‘.

## 3.2 Analyse eines Einzelsegments

Während in streng nach der Objektiven Hermeneutik vorgehenden Analysen kurze Segmente, eben Interakte, minutiös interpretiert werden, wobei allerdings meist nur der Anfang analysiert bzw. in Veröffentlichung dokumentiert wird (vgl. Oevermann u.a. 1979 oder Leber/Oevermann 1994), hat sich in pädagogischen Interaktionsanalysen eher die Untersuchung von längeren Texten durchgesetzt, die Unterrichtsphasen bzw. –stunden enthalten. Eine Zwischenform findet sich in dort, wo unterrichtliche Interaktionen in zusammenhängende Blöcke segmentiert werden. Die Einteilung in Segmente orientiert sich nach einem Ablaufschema, das Anfang, Mitte und Ende umfaßt, wobei Einschübe, die das Schema erweitern oder ein Unterschema bilden, und Abbrüche beachtet werden müssen. Schwierig ist es manchmal zu entscheiden, ob eine Äußerung als Abschluß oder als Beginn eines neuen Segments zu werten ist. Wenn eine Äußerung doppelt funktional ist, kann man sich helfen, indem man sie einmal als Segmentende und ein zweites Mal als Segmentanfang notiert:

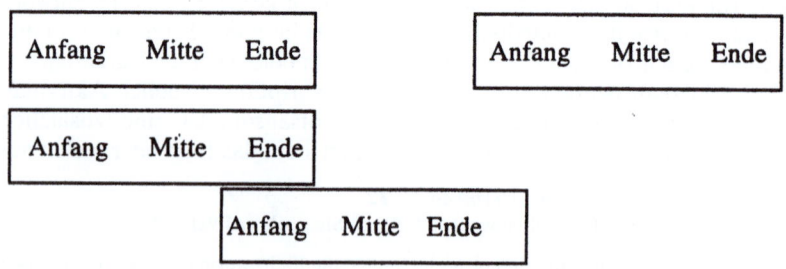

Das ist etwa der Fall, wenn ein Lehrender einen Anschluß zwischen zwei Phasen gestaltet, indem er eine Digression beenden und wieder zum Unterrichtsthema zurückkehren will. Eine Wendung wie „aber. gehen wir mal hier der. Argumentation einfach na:ch" stünde dann einmal am Ende des die Digression enthaltenden und am Beginn des Segments, das die Rückkehr zum Thema einleitet.

Ein solches Segment umfaßt – wie im folgenden Beispiel – in der Regel eine Textmenge von einer halben bis einer Schreibmaschinenseite:

KL: So nochmal die Anwesenheitsliste –.. gu:t (5 Sek. Pause) dann –. würde ich gerne. jetzt mit Ihnen. diesen Artikel besprechen – ‚Moral für zwei'

(8 Sek. Pause)

T1: Ham Sie den vielleicht noch mal'

KL: Das warn-

T2: Ham Sie den noch mal (unverständlich)

Stimmengewirr (4 Sek.)

KL: Also dieses hab ich hier-

Stimmengewirr (3 Sek.)

KL: Ich habs noch einmal als –.... Sie ham gesehn wie <u>geschickt</u> ich das kopiert habe: also wenn Sie äh diese Seite gelesen hatten

T?:          Ja

KL: dann mußten Sie das einfach bloß so umdrehn und –. weiter-

T3:                  weiterlesen ((Lachen))

Stimmengewirr (5 Sek.)

KL: So einmal hab ich noch-

Stimmengewirr (14 Sek.) („Nein nein noch nich" „muß ich direkt meine Brille-„ „ob ichs auch so: lesen kann aber is <u>doch</u> anstrengend")

KL: Mora:l für zwei,

Stimmengewirr (27 Sek.)

In diesem Beispiel wird der Teil als Segment interpretiert, der den Anfang einer neuen Unterrichtsphase aus einem Seniorenkurs bildet, in dem ein Zeitungsartikel besprochen werden soll. Es handelt sich um ein dem eigentlichen Unterrichtsgespräch vorgelagerter Austausch von Informationen, der erst die Voraussetzungen für den ordnungsgemäßen Ablauf der unterrichtlichen Interaktion schafft. Gewöhnlich werden derartige Phasen aus pädagogischer Sicht ignoriert oder als irrelevant abgetan. Von einem interaktionistischen Standpunkt aber sind sie besonders interessant, weil sich in ihnen die Interaktion in einem von den Beteiligten gemeinsam unternommenen Akt erst eigentlich konstituiert: Hier werden Positionen markiert und Ansprüche ausgehandelt, die das eigentliche Unterrichtsgespräch wesentlich bestimmen.

Die Analyse eines solchen Abschnitts, den man in der alltäglichen Wahrnehmung vielleicht kurz registriert, aber kaum problematisiert, ist zunächst mit der Rekonstruktion des Ablaufs identisch: Möglichst ohne Auslassung von Elementen wird diese Abfolge nachgezeichnet und auf Hinweise für eine Interpretation abgesucht. Es wird Schritt für Schritt vorgegangen:

Dabei wird jede Einheit in ihrem Bedeutungspotential ausgelotet – so als ob das folgende, das dann jeweils nur eine der eröffneten Möglichkeiten realisiert, nicht bekannt sei. Was dabei zu beachten ist, kann der folgende, nachträglich nach Sätzen durchnumerierte Text demonstrieren. Er wird in der linken Spalte im Wortlaut abgedruckt und in der rechten nach den dabei verwendeten Verfahren kommentiert.

1.
„Nach einem Gliederungssignal (So'), das eine Zäsur zwischen einer abgeschlossenen und einer beginnenden Phase darstellt,
weist die Kursleiterin in einem prädikatslosen Satz auf die ‚Anwesenheitsliste' hin – ein den Zuhörern offensichtlich bekanntes Utensil der Organisation.

Bestimmung der Gliederungsfunktion von Wörtern
Schlußfolgerung aus dem sprachlichen Material

Ausklammerung eines eventuell vorhandenen Kontextwissens

2.
Mit dem Wort ‚nochmal' wird eine Wiederholung bedeutet; die Liste und das damit verbundene Ritual brauchen also nicht erklärt zu werden.

Schlußfolgerung aus dem sprachlichen Material, Ausklammerung eines eventuell vorhandenen Kontextwissens

3.
Die Kursleiterin etabliert sich damit als diejenige, die den ordnungsgemäßen Ablauf der Veranstaltung sicherstellt.

Feststellung einer Rollenetablierung

4.
Den Beginn einer neuen Phase markiert sie, indem sie durch das Wort ‚gut' diesen organisatorischen Akt abschließt und nach einer Pause die Aufforderung zur Diskussion des Artikels ‚Moral für zwei' einleitet.

Feststellung einer Rollenfunktion
Bestimmung der Gliederungsfunktion von Wörtern

5.
Der temporale Marker ‚dann' deutet darauf hin, daß dieser Phase bereits eine andere vorausgegangen ist, ihre Betonung könnte als Zeichen einer gewissen Ungeduld gedeutet werden:

Schlußfolgerung aus dem sprachlichen Material, Ausklammerung eines eventuell vorhandenen Kontextwissens
Lesart

**6.**

Wesentliche Aufgabe ihrer Organisatorenrolle ist nämlich die Einhaltung zeitlicher Vorgaben – hier die Füllung der begrenzten Kursveranstaltung mit dem von ihr vorgesehenen Stoff.

Begründung mit Rollenfunktion

**7.**

Ihre Aufforderung zur Besprechung eines vorbereiteten Artikels formuliert sie vorsichtig als Wunsch (‚würde ich gern‘), so daß die Angesprochenen theoretisch auch widersprechen oder andere Vorschläge machen könnten.

Wörtlich-Nehmen einer Formulierung

**8.**

Eine solche Reaktion wäre in einem anderen Kontext denkbar, sie ist in diesem Zusammenhang, nachdem die Sprecherin gerade ihre Organisatorenrolle bezeichnet hat, eher unwahrscheinlich.

Lesartdiskussion auf Basis der vorherigen Textes

**9.**

Andererseits ist die Aufforderung aber auch nicht so ‚falsch‘ wie die im Schulunterricht übliche Selbstaufforderung an die 1.Person Plural, d.h., die Sprecherin stellt hier keine Pseudo-Gemeinsamkeit her, sondern trennt deutlich ihre Person von der der Angesprochenen.

Lesartdiskussion in Bezug auf andere pädagogische Kontexte

**10.**

Eindringlich wirkt allein das ‚jetzt‘, das die Suggestion der Unverbindlichkeit des Wunsches, dem andere entgegengesetzt werden könnten, mindert.

Relativierung der Lesart auf Basis des Wortmaterials

**11.**

Das Thema wird zunächst vage-deiktisch eingeführt (‚diesen Artikel‘); es ist zu vermuten, daß sie auf den Artikel zeigt, während sie den Vorschlag macht oder aber schon vorher auf ihn hingewiesen hat.

Vermutungen über einen nichtexplizierten Hinweis

**12.**

Eine solche Einführung läßt auf einen eher informellen Rahmen und einen gewissen Bekanntheitsgrad der Teilnehmer untereinander schließen.

Vermutung über den pädagogischen und interaktionellen Kontext auf Basis der Textes

**13.**

Es wäre z.B. undenkbar, daß ein Vortragsredner vor einem fremden Publikum in sein Thema auf diese Weise einführen würde.

Begründung der Vermutung auf Basis der Kenntnis anderer pädagogischer Kontexte

**14.**

Andererseits deuten das ‚gehobene‘ Vokabular (‚Anwesenheitsliste‘, ‚Artikel besprechen‘) und die Anredeform auf einen Formalitätsgrad hin, wie er in gutbürgerlichen Kreisen, unter Fremden oder bei großem Altersunterschied (hier zwischen der Kursleiterin und den Teilnehmern) üblich ist.

Relativierung der Vermutung auf Basis des Sprachmaterials (Semantik, Stilebene) und auf Basis der Kenntnis von interaktionellen Kontexten

**15.**

Der Titel des Artikels wird erst danach genannt:

Feststellung einer unerwarteten Reihenfolge

**16.**

Eine Erläuterung und eine Begründung für die Auswahl fehlen.

Feststellung eines Fehlens

**17.**

Die Nennung scheint hier die Aufforderung an die Teilnehmer zu enthalten, in ihren Unterlagen danach zu suchen.

Formulierung einer Lesart

**18.**

Die Pause, die die Sprecherin macht, unterstützt diese Deutung ebenso wie die Beiträge der Teilnehmerinnen T1 und T2, die um weitere Exemplare des Artikels bitten.

Bekräftigung der Lesart durch Pause und Äußerungsinhalte

**19.**

Ihre fast gleichlautenden Fragen und die Aufforderung der Kursleiterin lassen darauf schließen, daß Kopien des Artikels beim letzten Mal verteilt worden sind und die Kursleiterin damit rechnet, daß die Teilnehmer diese gelesen haben.

Vermutung auf Basis von Äußerungsinhalten

**20.**

Daß diese Teilnehmerinnen unvorbereitet sind, scheint aber ihre Mitarbeit bei der Besprechung nicht in Frage zu stellen.

Feststellung eines möglichen Widerspruchs

**21.**

Die elliptischen Äußerungen der Kursleiterin signalisieren ihre Hilfsbereit-

Feststellung einer Ambivalenz

schaft, aber auch ihre Indifferenz gegenüber der Tatsache, daß nicht genügend
Kopien zur Verfügung stehen.

22.

Dem Problem, daß nicht alle Teilnehmer
vorbereitet sind, wird keine Aufmerksamkeit geschenkt – es ‚verschwindet' in
den abgebrochenen Sätzen der Kursleiterin.

Feststellung einer Nicht-Reaktion

23.

Sie thematisiert es also nicht und fragt
auch nicht nach, wieviele Teilnehmer ohne Text sind.

Differenzierung der Feststellung

24.

Ursache dafür könnten die Erfahrung, daß
eine geregelte Teilnahme und damit eine
Vorbereitung aller sowieso nicht gegeben
sind, oder aber die Überlegung sein, daß
eine Thematisierung des Problems dies
nicht löst und nur (weitere) Zeit kostet.

Mögliche Erklärungen für die
Nicht-Reaktion

25.

Nachdem sie drei Sätze zum Organisatorischen abgebrochen hat, geht sie dazu über,
die von ihr gefertigten doppelseitigen Kopien zu erläutern.

Feststellung eines wiederholten
Abbruchs
Feststellung eines Themenwech-
sels

26.

Sie leitet diese Erläuterung mit einer iro-
nisch gefärbten positiven Selbstbewer-
tung ein (‚wie <u>geschickt</u> ich das kopiert
habe') – sei es, um von der Panne der
Unterversorgung abzulenken, sei es um
ein weiteres praktisches Problem zu lösen, bevor mit der angekündigten Besprechung begonnen wird.

Feststellung und Charakterisierung einer Einleitung

mögliche Erklärungen

27.

Ihre Formulierung setzt voraus, daß die
Teilnehmer sich bereits mit dem Papier
beschäftigt haben – was eigentlich er-
staunlich ist, nachdem gerade darüber gesprochen wurde, daß ein Teil der Teilnehmer nicht in dessen Besitz ist.

Schlußfolgerung
Feststellung einer Unstimmmig-
keit

28.

Allerdings ist die Konjunktion ‚wenn'
ambig – sie kann sowohl konditional als

Einschränkung auf Basis der
Doppeldeutigkeit eines sprachli-

**29.**

Ihre Äußerung ,wenn Sie äh diese Seite gelesen hatten' könnte sich auf den (Ausnahme-)Fall einer vorherigen Lektüre oder auf deren Zeitpunkt beziehen.

Explizierung der einen Variante der Doppeldeutigkeit

**30.**

Im ersten Fall ist ein Vorwurf versteckt, der bei einer anderen Modusform des Verbs offensichtlich wäre (,wenn Sie diese Seite gelesen hätten').

Erste Lesart

**31.**

Die Fortführung des Satzes betont dann aber dessen Erläuterungscharakter.

Zweite Lesart

**32.**

Der Beitrag einer Teilnehmerin zeigt, daß derartige Erläuterungen von den Zuhörern aber auch als Mißtrauen in ihre Orientierungsfähigkeit bzw. als übertriebene Fürsorge verstanden werden können, gegen die sie sich allerdings humorvoll zu wehren wissen.

Interpretation der Reaktion auf einer Äußerung

**33.**

Auf die folgende Unruhe reagiert die Kursleiterin mit der Mitteilung, daß sie noch eine weitere Kopie besitzt, die sie den Teilnehmern zur Verfügung stellen kann.

Interpretation einer Mitteilung als Reaktion

**34.**

Sie kommt also auf das zuvor übergangene Thema der Unterversorgung zurück – allerdings wiederum mit einem elliptischen, in diesem Fall objektlosen Satz.

Begründung für eine Themenwahl, Feststellung einer Nachträglichkeit
Charakterisierung der syntaktischen Form

**35.**

Ihre Äußerungen in diesem Segment fallen auseinander in angedeutete Hinweise und Reaktionen auf Organisatorisches und in kursoffizielle Aufforderungen und Erläuterungen.

zusammenfassende Charakterisierung der Redebeiträge der Kursleiterin

**36.**

Die Teilnehmer scheinen in der sich anschließenden Pause nach den Texten zu suchen, sich darüber zu verständigen oder aber die Texte zu lesen zu versuchen.

Vermutung über ,Füllung' einer Pause

50

37.

| | |
|---|---|
| Letzteres stellt für einige auf Brillen angewiesene Teilnehmer ein Problem dar, das aber außerhalb der offiziellen Kommunikation zwischen Kursleiterin und Teilnehmern besprochen wird. | Charakterisierung eines Geschehens als ‚inoffiziell' |

38.

| | |
|---|---|
| Die Kursleiterin reagiert hier nicht, nutzt also die Tatsache, daß sie nicht direkt angesprochen wird. | Feststellung einer Nicht-Reaktion Begründung für Nicht-Reaktion |

39.

| | |
|---|---|
| Den Teilnehmern wird eine relativ lange Pause zugestanden, um sich an die Situation zu gewöhnen" (Nolda 1996b, S. 31ff). | Begründung für eine Pause |

Die Kommentierung macht deutlich, daß die Aufmerksamkeit auf die interne Gliederung des Materials gerichtet ist (1., 4.) und den inhaltlichen Ablauf (15., 25., 26., 34.). Wichtig ist die Ausschöpfung der impliziten Bedeutungen sprachlicher Ausdrücke (1., 2., 19., ) und die Ausblendung des eventuell vorhandenen Kontextwissens (1., 2., 5.). Ein besonderes Augenmerk wird auf die Rolle der Kursleiterin und die damit verbundenen Funktionen gerichtet (3., 4.): Es geht also nicht um ein vorgängiges Wissen um diese Rolle, sondern um die Beobachtung der Art und Weise, wie diese Rolle etabliert wird. Eine weiteres Kennzeichen dieser Art von Analyse ist die Aufstellung von Lesarten und ihre Diskussion (5., 6., 9., 10., 17., 18., 28., 29., 30., 31., 32.). Anders als in Gruppendiskussionen, in denen die Mitglieder gehalten sind, ihre unterschiedlichen Lesarten gegeneinanderzuhalten, ist es hier der Text selbst, der zur Produktion von mehreren Lesarten führt und im Fortgang bestätigt oder verwirft. Anstoß für die Produktion einer Lesart kann das hier praktizierte Wörtlich-Nehmen eines Ausdrucks (7.) oder die Überlegung sein, in welchem Kontext die festgehaltene Interaktion möglich ist (12., 13.). Letzteres ist eine schwierige Operation, da es häufig darum geht, das Wissen um den pädagogischen Kontext zu suspendieren, und zwar mit dem erklärten Ziel, die Eigenart der untersuchten Interaktion unabhängig vom Vorwissen über ihre Situierung zu erkennen. Von einer Lesart zu unterscheiden sind Vermutungen, zu denen deiktische Ausdrücke oder Pausen zwingen (11., 14., 36., 39.).

Einerseits wird jedes noch so unbedeutende Detail berücksichtigt, andererseits wird aber auch das Fehlen von Erwartetem vermerkt (16., 22., 38.), mögliche Widersprüche werden bezeichnet (20.) Ambivalenzen und Unstimmigkeiten festgestellt (21., 27.). Probeweise werden Erklärungen formuliert (24., 26., 38.). Die einzelnen Redebeiträge werden nicht isoliert, sondern in ihrem Zusammenhang betrachtet, auch wenn die Form diesen nicht immer enthüllt (33.).

Statt vom Ende auszugehen, wird bei jedem Schritt so getan, als ob der weitere Fortgang unbekannt ist – so wie er ja auch in der Realkommunikation nicht mit Sicherheit vorhergesagt werden kann. Zusammenfassungen gelten deshalb immer nur bis zu der bezeichneten Stelle. Trotzdem werden solche Zusammenfassungen immer wieder unternommen, weil man Ergebnisse – auch vorläufige – sichern will (35.).

Neben der Rekonstruktion des Ablaufs auf Basis der entsprechenden sprachlichen Signale besteht ein Interesse daran herauszufinden, wo die offizielle Interaktion beginnt und endet und wo sie suspendiert wird. Die Beteiligten machen sich selbst und gegenseitig den Unterschied zwischen ‚Vorder'- und ‚Hinterbühne' klar, indem sie beispielsweise leise oder undeutlich sprechen und so Äußerungen als nicht zur offiziellen Interaktion gehörig kennzeichnen (37.).

Der oben in der linke Spalte abgedruckte Text rekonstruiert also die Interaktion des Anfangssegments einer pädagogischen Interaktion, ohne das Wissen um die Institution, in der sie stattfindet, zu benutzen. Allein aus dem Material kann aber bereits eine Reihe von Vermutungen abgeleitet werden, die die Beziehung zwischen der Lehrenden und den Lernenden betreffen. Um diese Beziehungen geht es in solchen Anfangssituationen – auf ihnen ruht das dann folgende ‚eigentliche' Unterrichtsgespräch: Zu der Rolle der Kursleiterin ist bereits eine erste zusammenfassende Aussage getroffen worden, die sich allerdings noch auf das analysierte Segment bezieht (35.), darüber hinaus finden sich Hinweise auf ihre Redebeiträge kennzeichnende Ambivalenzen.

Aber auch über die Art, in der sich die Teilnehmer auf die Interaktion einlassen, können versuchsweise erste Aussagen gemacht werden. Diese leiten sich aus den übermittelten Fakten ab (mangelnde Vorbereitung und Bereitschaft zum ‚Mitmachen'), sie sind aber auch in der Gesprächsstruktur ausgedrückt. Der in 32. erwähnte „Beitrag einer Teilnehmerin" besteht nämlich allein in dem von einem Lachen gefolgten Wort „weiterlesen". Er stellt gesprächsanalytisch eine unaufgeforderte Weiterführung des von der Kursleiterin begonnenen Satzes dar. Die Teilnehmerin wartet also nicht einen Moment ab, an dem sie das Wort ergreifen darf oder soll, sondern schaltet sich ein, und es kommt zu einer in der Partiturschreibweise gut sichtbaren Überlappung der Redebeiträge. Dabei handelt es sich um die Übertretung einer Gesprächsregel der Turn-Zuweisung, die aber durch das folgende Lachen gewissermaßen entschärft wird. Der formalen Provokation entspricht eine inhaltliche: Indem die Teilnehmerin den Satz der Kursleiterin selbst vollendet, zeigt sie nicht nur an, daß sie weiß, was die Kursleiterin sagen will, sondern gibt durch das Lachen eine Distanz zu der vermuteten Aussage zu erkennen. In diesem knappen Einwurf könnte eine Kritik am mangelnden Zutrauen der Kursleiterin zu den Fähigkeiten der Teilnehmer versteckt sein (32.). Die Spannung zwischen Selbstbewußtsein und unterrichtsnotwendiger Unterordnung kommt also auch hier zum Ausdruck. Entscheidend ist aber nicht zuletzt, wie die unterbrochene Kursleiterin reagiert bzw nicht regiert: Sie verwahrt sich nicht gegen den Einwurf, sondern führt ihren Satz zu Ende, indem sie zum gleichen Wort wie die Teilnehmerin ansetzt.

Wenn hier noch einmal auf die formale Struktur des Materials zurückgegriffen wurde, so hat dies zwei Gründe: einmal, um deutlich zu machen, daß solche Rückgriffe auch dann immer wieder angezeigt sind, wenn Zusammenfassungen vorliegen, zum anderen, um auf die Relevanz gesprächsanalytischer Kenntnisse zu verweisen. So wie es notwendig ist, sich der Eigenheiten der gesprochenen Sprache zu vergewissern, so ist es auch unabdingbar, die spezielle Organisation von Dialogen in Rechnung zu stellen, wie sie von der Konversationsanalyse erforscht wurde .

Die vorstehend kommentierte Analyse des zitierten Segments ist deutlich vom Vorgehen der Strukturalen Hermeneutik (sequentielles Vorgehen, Lesartendiskussion, besondere Aufmerksamkeit auf die sprachliche Form), aber eben auch konversationsanalytisch geprägt, d.h., es wird nicht nur gefragt, „was ein Sprecher an einer bestimmten Stelle intendiert, sondern wie seine Äußerung behandelt wird" (Kallmeyer 1988, S. 1103). Die Nichtreaktion der Kursleiterin kann als Billigen oder zumindest Zulassen aufgefaßt werden, so daß der Einwurf der Teilnehmerin bestenfalls als sanfte Provokation erscheint.

Auf dieser Basis kann – mit aller Vorsicht – bereits eine Reihe von Strukturmerkmalen der untersuchten Interaktion hypothetisch festgehalten werden, die es dann bei der ebenso sorgfältigen Beschreibung der Folgesegmente zu verifizieren oder zu falsifizieren oder aber auch nur zu differenzieren gilt. Aus dem zitierten Segment könnten somit folgende Hypothesen erstellt werden:

(I) Die ‚Macht' der Kursleiterin besteht nicht darin, Anweisungen zu geben, sondern zur Äußerung bestimmter Redeakte wie des Vorschlagens, der als ‚sanfter Zwang' wirkt, berechtigt zu sein.

(II) Die Teilnehmer sind kooperationsbereit, aber nicht unterwürfig. Sie erlauben sich Provokationen, die sie aber dann wieder entschärfen.

(III) Die Kursleiterin reagiert auf Störungen nicht ärgerlich, macht aber – unoffensiv – deutlich, was sie von den Teilnehmern erwartet.


## 3.3 Analyse einer Segmentfolge

Was an Interpretationshinweisen aus solchen Anfangssegmenten herausgearbeitet werden kann, muß durch die – ebenso sorgfältige – Beschreibung der Folgesegmente vertieft, ergänzt oder aber auch verworfen werden. Auch hierbei ist streng sequentiell vorzugehen:

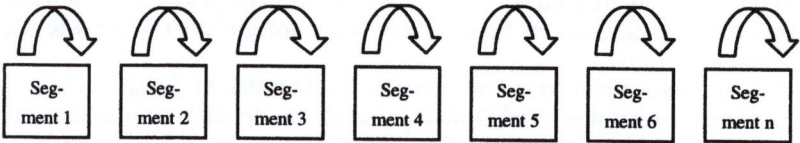

| Seg-ment 1 | Seg-ment 2 | Seg-ment 3 | Seg-ment 4 | Seg-ment 5 | Seg-ment 6 | Seg-ment n |

Es erfordert gewöhnlich eine gewisse Disziplin, alle Segmente einer unterrichtlichen Gesamtinteraktion mit der gleichen Ausführlichkeit zu analysieren. Dies ist aber notwendig, um die Bedeutungsfülle des Materials zu erschließen und so lange wie möglich offen für neue Beobachtungen zu sein. Im Rahmen der vorliegenden Publikation ist eine solche Abfolge, die auch immer wieder die bereits erwogenen Hypothesen am neuen Material überprüft, nicht darstellbar. Statt dessen sollen hier lediglich zwei weitere Segmente aus der Schlußphase der Besprechung zur Überprüfung der aus dem ersten Segment gezogenen Schlüsse über die Interaktion zwischen Kursleiterin und Teilnehmern herangezogen werden. Im ersten dieser Segmente stellt die Kursleiterin, die sich vorher eher aufs Referieren des Zeitungsartikels und auf das Ratifzieren von Teilnehmeräußerungen beschränkt hatte, eine Frage:

KL:  Ja, ja was halten Sie eine Frage an von diesen Zuschreibungen von diesen zwei
     Moralen was –. kommt man damit weiter oder- was
T1:  Nee
KL:  was muß man
T1:  Die Kluft wird immer größer
T2:  Ja
T3:  Ich halte das auch für überho:lt ne'
KL:  Hm hm
T4:  Ja überholt allemal

Die das Segment einleitende Äußerung der Kursleiterin enthält im ersten Teil Bestätigungen, die sich auf eine vorangehende Äußerung oder Phase bezieht, durch die ungeduldig wirkenden Wiederholung und den unmittelbaren Anschluß der Frage aber auch als Beendigungssignal wirken.

Die Betonung der angesprochenen Person oder Personengruppe („Sie") soll eine Verschiebung des Fokus bewirken, zur Formulierung einer offensichtlich bisher nicht geäußerten Meinung stimulieren. Das Problem der Äußerung liegt in einer Paradoxie: Ausdrücklich wird eine Person oder eine Gruppe um ihre Meinung gebeten, die Meinung selbst aber wird bereits vorgegeben, indem diese These als Zuschreibung bezeichnet wird und die Frage, ob man damit weiterkomme, in einer Weise gestellt wird, die eigentlich nur eine negative Antwort ermöglicht.

Betrachtet man die Äußerungen der Teilnehmer in diesem Segment, muß man feststellen, daß die Strategie der Kursleiterin aufgeht. Die Teilnehmer schließen sich der vorgegebenen Meinung an, vermitteln aber mit ihren Empörungs- und Abwertungsäußerungen den Eindruck der Selbständigkeit. Formal hält sich die Kursleiterin mit einer eigenen Meinungsäußerung zurück, während einer der Teilnehmerinnen ausdrücklich in der 1.Person Stellung bezieht. An dieser Stelle wird die Relevanz einer um Genauigkeit bemühten Transkription deutlich: Die Sprecherin betont nicht das Wort „auch", schließt also nicht an die Aussage der Kursleiterin an, sondern erweitert die durch Dehnung hervorgehobene Abwertung „überholt". Damit greift sie auf die insinuierte Interpretation der Kursleiterin zurück, präsentiert sie aber als eigenständiges Urteil.

Man könnte dieses Segment als Beispiel einer pädagogischen Manipulation lesen. Die aus der Interpretation des 1.Segments abgeleitete These des ‚sanften Zwangs' wäre damit bestätigt und sogar noch verschärft. Die festgestellte Kooperationsbereitschaft der Teilnehmer wäre fast schon als Unterwerfungsbereitschaft zu charakterisieren. Diese Zuspitzung übersieht aber das nicht zuletzt in der Abfolge der Redebeiträge erkennbare selbständige Agieren der Teilnehmer. Die Kursleiterin hat bei diesem teilnehmerinternen Austausch sogar Schwierigkeiten, zu Wort zu kommen und beschränkt sich dann auf (paraverbale) Zustimmung. Der durch die Wiederholung offenen Beipflichtung von T4 zu dem von T3 Gesagten steht die eher verdeckte Zustimmung der Teilnehmer zu dem von der Kursleiterin Insinuierten gegenüber. Die Kursleiterin stellt gewissermaßen die Rahmenbedingungen für einen am Thema orientierten Austausch der Teilnehmer bereit. Sie nutzt aber ihre Lizenz zur Initiierung auch zu einer inhaltlichen Lenkung.

Während das zuletzt zitierte Segment die oben formuliert Hypothese (I) in dieser Weise zuspitzt, ergibt sich durch das Anschlußsegment wiederum ein anderes Bild. Die Diskussion ist nämlich nicht an ein Ende geraten. Nach der anfänglichen Zustimmung zu der von der Kursleiterin insinuierten Meinung ergreift eine weitere Teilnehmerin[11] das Wort:

| T1: | Ja aber erfreulich ist daß –. zumindest jemand mal. diesem. zitierten äh Psychologen. da <u>Kontra</u> gegeben hat der der mit |
| KL: | Hm        hm hm           hm |
| T1: | den. Stufenphilosophie wo wo auf den letzten Stufen überhaupt |
| KL: | Hm |
| T1: | keine. Frauen. berücksichtigt sind sondern nur Männer gefragt |
| KL: | Hm |
| T1: | werden ja da können sie keine weibliche Moral feststellen |
| KL: | Hm ja ja |
| T1: | also insofern find ichs dann –. in <u>dem</u> Sinne doch wieder positiv. daß sich überhaupt mal jemand damit be<u>faßt</u> daß |
| KL: | Ja |
| T1: | es vielleicht äh äh bei Mann und Frau so manches gleich sein |

---

11  Mit jedem Segment beginnt die Zählung von neuem: T1 in Segment 26 ist also nicht (unbedingt) identisch mit T1 in Segment 27.

```
KL:            Mhm         mhm
T1:    könnte.. wenn mers nur –. wissen möchte
KL:    Ja ja          ja          ja
KL:    Ich denke auch die Fragwürdigkeit von –. manchen wissenschaftlichen Untersu-
       chungen. wird zumindest hier angerissen und auch was sie bewirkt. im. Denken
       ne' also das
T1:          Ja
KL:    hat ja auch nen Niederschlag in Schulbüchern- in- äh. ja
T?:                                                   Genau
KL:    Fernsehsendungen
T1:    Und ich mein der muß ja auch in letzte Beweispflicht tre:ten solche Leute ne'
KL:    Ja ja
T1:    also insofern find ichs doch ganz positiv
```

Der Einwand von T1, der inhaltlich die gerade erzielte und bekräftigte Über-
einkunft in Frage stellt, wird unaggressiv präsentiert. Die Sprecherin bewirkt
diesen Eindruck, indem sie in verbindlicher Weise an das Vorangegangene
anschließt („Ja aber"), zunächst statt einer persönlichen Meinungsäußerung
in der 1.Person die unpersönliche Form der 3. Person Singular benutzt („er-
freulich ist") und ihren Einwand in seiner Bedeutung abschwächt („zumindest", „insofern ... dann doch"). Die Kursleiterin als die eigentlich ‚Angegrif-
fene' verhält sich ihrerseits kooperativ, indem sie die Äußerungen von T1
erst ratifiziert und ihnen dann ausdrücklich zustimmt.

Der Redebeitrag der Kursleiterin schließt semantisch an den Einwurf von
T1 an („Ich denke auch"), geht aber inhaltlich nicht auf die Kritik der Teilnehmer an der Meinung der Kursleiterin ein, sondern schließt sich der Kritik
der Teilnehmer (hier an der Untersuchung von Lawrence Kohlberg zur Mo-
ralentwicklung) an. Statt in eine Auseinandersetzung zu treten, wird gemeinsam Position gegen einen Dritten bezogen. Die von der Teilnehmerin schon
selbst (im Sinne der These II) entschärfte Provokation wird in der Entgeg-
nung der Kursleiterin vollends ‚ausgehebelt' und statt dessen zur Demon-
stration einer Einigkeit benutzt. Die Kursleiterin hat damit ein Muster vorgegeben, das dann auch von der Teilnehmerin 1 angewandt wird. Statt die
Kursleiterin und die sie unterstützenden anderen Teilnehmer direkt anzuge-
hen, wendet sie ihre Aggression gefahrlos gegen die Autorität eines Uner-
reichbaren („der muß ja auch in letzte Beweispflicht treten solche Leute"),
um dann doch wieder auf ihren Einwand zurückzukommen und diesen zu
bekräftigen.

Das Verhalten der Kursleiterin ist bereits im Eingangssegment erkennbar
(Hypothese III). Offenkundig geht es in der hier untersuchten Konstellation
darum, sich einerseits mit dem vorgegebenen Text auseinanderzusetzen, andererseits aber Auseinandersetzungen unter Anwesenden zu vermeiden. Diese Spannung ist es, die die Interaktion bestimmt.

Um ein derartiges Ergebnis als gesichert vertreten zu können, ist es notwendig

- längere, zusammenhängende Interaktionseinheiten zu untersuchen
- dem Beginn solcher Interaktionen auch und gerade dann Aufmerksamkeit zu schenken, wenn die eigentliche pädagogische Arbeit noch nicht eingesetzt hat
- den Kontext in Rechnung zu stellen, in den Äußerungen eingebettet sind, d.h. vor allem dann die Bezüge zwischen Redebeiträgen zu kennzeichnen, wenn diese aus der Position und der syntaktischen Form nicht gleich erkennbar sind: Fragen werden nicht immer als Frage formuliert, Antworten müssen nicht notwendig direkt auf eine Frage folgen.
- so lange wie möglich den (transkribierten) Text zu befragen und nicht die verkürzenden und Unklarheiten häufig unterschlagenden Paraphrasen zur Interpretationsgrundlage zu machen
- die eigenen Interpretationen immer wieder in Frage zu stellen und der Verführung durch griffige Etikettierungen oder ‚Enthüllungen‘ zu entgehen
- Hypothesen über allgemeine Strukturprinzipien immer wieder am Material zu überprüfen und durch ihre Anwendung auf möglichst viele Beispiele aus ihrer engen Spezifizität zu lösen.

Aus der aus einem Segment abgeleiteten Hypothese wird über die rückwirkende Kontrolle durch die Folgesegmente eine auf die Gesamtfolge bezogene These.

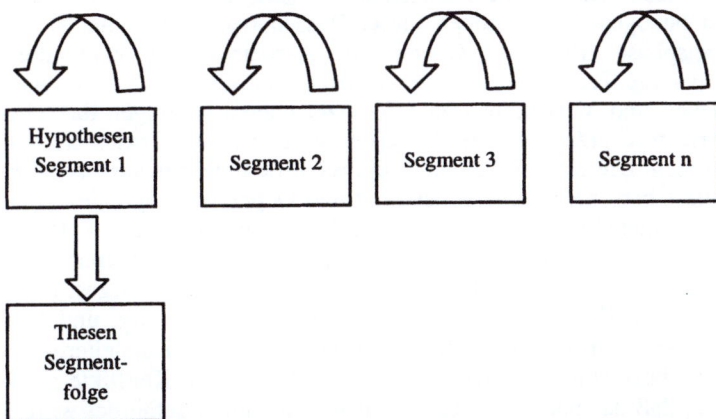

Dieser Prozeß wird hier verkürzt wiedergegeben werden, indem die aus der Eingangssequenz abgeleiteten Hypothesen, die sich noch nicht auf die eigentliche pädagogische Situation bezogen, anhand der oben angeführten zwei anderen Segmente wie folgt modifiziert bzw. bestätigt werden:

(I) Die ‚Macht‘ der Kursleiterin besteht nicht darin, Anweisungen zu geben, sondern zur Äußerungen von Redeakten wie des Vorschlagens und des Fragens berechtigt zu sein, die das Gespräch unter den Beteiligten steuern.

(II) Die Teilnehmer sind kooperationsbereit, aber nicht unterwürfig. Sie erlauben sich Provokationen, die ,ungefährlich sind, weil sie sie entweder selbst wieder entschärfen oder aber nach außen richten.

(III) Die Kursleiterin reagiert auf Störungen und nicht-gewünschte Äußerungen nicht ärgerlich, gibt aber zu verstehen, welche Meinungen und welche Form der Mitarbeit sie von den Teilnehmern erhofft.

Bei der Beschreibung der übrigen Segmente der Gesamtinteraktion wären diese Thesen immer wieder zu überprüfen und auf einer Allgemeinheitsstufe zu formulieren, die dazu geeignet ist, alle zugehörigen Beispiele zu subsumieren.

Das am Beispiel des Eingangssegments demonstrierte sequentielle Vorgehen muß nun auch auf die gesamte Interaktion angewandt werden. Es gilt nämlich, die reale Ablaufstruktur einer pädagogischen Gesamtinteraktion zu erfassen. Der Grundgedanke dabei ist, daß das, was pädagogischen Beobachtern in der Regel als Störung auffällt, auf seine Sinnhaftigkeit hin untersucht wird. Abweichungen vom Thema, Mißverständnisse und deren Bearbeitung, Schwierigkeiten beim Beenden werden dementsprechend sorgfältig nachgezeichnet.

Im vorliegenden Beispiel – der Besprechung eines Zeitungsartikels in einem universitären Seniorenkurs – ergab sich die Einteilung in eine fünf Segmente umfassende Anfangsphase, eine 19 Segmente umfassende Kernphase und eine 11 Segmente umfassende Schlußphase. Hier wurde die unterrichtstypische Dreiteilung insofern spezifiziert, als die auf die Gesamtinteraktion bezogenen Funktionen dieser Phasen herausgearbeitet wurden: Die Anfangsphase erhielt die Überschrift „Assoziative Themenkonturierung", weil hier die Teilnehmer mit ihren unsystematischen und von persönlichen Vorlieben und Vorkenntnissen gekennzeichneten Beiträgen das Thema des Unterrichtsgesprächs auf der Folie des vorgegebenen Textes erst eigentlich bestimmen. Die Kernphase wurde in drei Teile untergliedert, wobei der erste Teil die Überschrift „Konkretisierung und Depräzisierung", der zweite „Gelenkter Protest" und der dritte „Krisenbewältigungen" erhielt. Hier wurden Umgangsformen mit dem einerseits vorgegebenen und andererseits von den Teilnehmern bestimmten Thema erkennbar, die Gegenläufiges, nämlich die Tendenz zur Konkretisierung und die zur Depräzisierung, und Paradoxes, nämlich die selbständige Artikulation eines von der Kursleiterin gelenkten Protests, bezeichneten sowie die Art und Weise, wie Konflikte so bereinigt werden, daß das pädagogische Arbeitsbündnis nicht gefährdet wird. Die ungewöhnlich lange Schlußphase wurde in die Teile ,Gelenkte Meinungsäußerungen', ,Selbstbestätigungen' und ,Konsensherstellung' gegliedert. Damit kamen wesentliche Elemente der Interaktion erst nach dem Signal zur immer wieder hinausgeschobenen Beendigung zum Tragen: Einerseits konnte die Kursleiterin die Teilnehmer dazu bringen, die von ihr gewünschten Meinungen zu äußern, andererseits konnten diese das Unterrichtsgespräch als Forum zur jeweils individuellen Selbstdarstellung und zur Artikulation einer Wir-Identität nutzen.

Der Fall, um den es hier geht, ist übrigens nicht etwa gewählt worden, weil er typisch schien. Die ursprüngliche Absicht, eine Sitzung aus einem Literaturkreis aufzunehmen, in dem die Teilnehmer ihre Lektüreerfahrungen austauschen, konnte nämlich nicht realisiert werden. Die Kursleiterin hatte sich überraschenderweise entschieden, einen ihr für das Thema des Kurses (,Frauen in der Literatur') passend erscheinenden Zeitungsartikel über ,weibliche Moral' auszuwählen. Die Tatsache, daß es sich dabei nicht um einen klaren Meinungsartikel, sondern um die Sammelrezension wissenschaftlicher Arbeiten zum Thema handelte, schien angesichts der Schwierigkeiten, die die Teilnehmer, von denen keiner die besprochenen Arbeiten und nicht alle den Artikel selbst gelesen hatte, erkennen ließen, eine Aussonderung des Materials nahezulegen. Andererseits war es gerade spannend, zu verfolgen, wie es den Beteiligten gelingt, mit diesem ,unmöglichen' Thema ein Unterrichtsgespräch zu gestalten.

Daß es sich um ein solches handelt, war nicht durch Vorannahmen festgelegt, sondern war durch im Material enthaltene ,didaktische Muster' zu rekonstruieren. Es ging also nicht darum, die Struktur der als gegeben angenommenen didaktischen Interaktion im Bereich soziokulturellen Lernens nachzuzeichnen, sondern zu erforschen, was das Pädagogische der aufgezeichneten Interaktion ausmacht. Eine solche ,Offenheit' gegenüber dem Gegenstand fällt bei dem Bereich der freiwilligen, okkasionellen Erwachsenenbildung naturgemäß leichter als im Bereich der Schule oder der betrieblichen Instruktion. Das ,Pädagogische' ist aber auch in rigideren institutionellen Bereichen eine Leistung der Beteiligten, es existiert nicht, sondern muß interaktiv hergestellt und immer wieder gegen andere Interaktionsmuster behauptet werden.

Was Forschungsneulingen bei einem derartigen Vorgehen meist auffällt, ist die Langsamkeit, die Ruhe, mit der gewissermaßen abgewartet wird, bis im Material Strukturen erkennbar sind, die es interpretierbar machen. Nicht die geniale Eingebung, sondern das geduldige Verfolgen der im Material angelegten Spuren und ihr ständiges Zueinander-In-Beziehung-Setzen machen den Großteil der Interpretationsarbeit aus.

Erst auf der Basis dieser gründlichen Beschäftigung mit dem Material war es möglich, das Unterrichtsgespräch als ganzes wie folgt zu interpretieren:

„Die angekündigte Besprechung schrumpft in der nachträglichen Betrachtung fast zum Vorwand: nicht nur wegen der Selbstdarstellungstendenzen der Teilnehmer und der Legitimationen der Kursleiterin, sondern auch wegen des nicht-aufgeklärten Status der Textvorlage, der die tatsächliche Übernahme der dort formulierten Kritik streckenweise als originäre kritische Einstellung von Kursleiterin und Teilnehmern erscheinen läßt. Andererseits zeigen sich die Teilnehmer äußerst behende in der Verknüpfung des (wie auch immer vagen) Themas und seiner Teilaspekte mit diversen Wissensbeständen und Deutungen. Ihre Fähigkeit zur Transponierung, Parallelisierung und Kontrastierung, begründeten Kritik und Zustimmung überwölbt, gefördert durch das Verhalten der Kursleiterin, diejenige zur Erfassung des Themas. Der ,Lerngewinn' läuft letzten Endes auf eine zweifellos befriedigende gemeinschaftli-

che Bestätigung des von Kursleiterin und Teilnehmern bereits Gewußten bzw. Prak-
tizierten hinaus. Dabei sind innerhalb dieser Gemeinschaftlichkeit auch Bestätigungen individuellen intellektuellen und alltagsweltlichen Wissens (inklusive von Res-
sentiments) möglich" (a.a.O., S. 110).

Daten können generell unter verschiedenen Aspekten interpretiert werden.
Entscheidend ist, daß der Aspekt nicht von außen herangetragen, sondern im
Material – und wenn auch verborgen – existent ist. Alle Aspekte, die im
Material enthalten sind, zu berücksichtigen, ist unmöglich. Jeder Forscher ist
einer bestimmten Fachwelt verbunden, die für bestimmte Aspekte sensibili-
siert oder gar ihre Berücksichtung unumgänglich macht. Forscher haben dar-
über hinaus ihnen mehr oder weniger bewußte eigene Erfahrungen, die ihre
Aufmerksamkeit lenken. Schließlich sind sie einem Zeitgeist ausgesetzt, der
Relevanzen setzt oder aber auch aussetzt.

In der Regel besteht eine Interdependenzbeziehung zwischen Materal
und Theorie. Das Material läßt auf Theorien zurückgreifen, die wesentliche
Erscheinungen benennen und erklären, Theorien können den Blick von Forschern auf bestimmte Erscheinungen lenken. Dieses Verhältnis kann sich im
Lauf von Untersuchungen ändern, so daß ursprünglich als relevant einge-
stufte Theorien sich als irrelevant herausstellen und umgekehrt Theorien eine
Bedeutung gewinnen, die zu Beginn des Vorhabens nicht beachtet wurden.
Schließlich impliziert qualitative Forschung immer auch, bestehende Theori-
en in ihrer Gültigkeit in Frage zu stellen oder aber einzuschränken.

Wie bereits erwähnt, sollten die theoretischen Bezugspunkte offenge-
legt und zentrale Begriffe definiert werden. Dabei kommt es nicht selten zu
einer vertieften Beschäftigung mit einer die Vorannahmen bereits prägen-
den Theorie. Das ist besonders dann der Fall, wenn ein Konzept verwendet
wird, das durch einen auch umgangssprachlich bekannten Begriff bestimmt
ist. Interessiert etwa die Frage der Machtverteilung in pädagogischen Interaktionen, muß der Machtbegriff reflektiert werden. Bei der Beschäftigung mit der entsprechenden Literatur wird man auf sehr unterschiedliche
Definitionen stoßen, die den Blick auf das Material und seine Interpretation verändern können. Statt auf der Grundlage traditioneller hierarchischer
Machtvorstellungen im Gefolge von Max Weber bei tendenziell permissiven pädagogischen Institutionen Machtlosigkeit zu konstatieren, kann dann
unter Rekurs auf strukturationstheoretische Ansätze Macht auch dann festgestellt werden, wenn Ressourcen zur Verfügung stehen, mit denen die
Unterworfenen die Aktivitäten der ihnen Überlegenen beeinflussen können
(vgl. Giddens 1988, S. 67).

Statt wie hier nach einer für den Fall passenden Theorie zu suchen bzw.
auf eine solche zu stoßen, kann aber auch der Fall dazu verwandt werden, eine wissenschaftliche Theorie oder eine den betreffenden Praxisbereich kennzeichnende Leitidee in Frage zu stellen. Wenn etwa die Analyse einer Korpus
von Interaktionsprotokollen ergibt, daß scheinbar selbständig formulierte
Meinungen und Einwürfe von Lernenden auf die indirekte Lenkung durch

Lehrende zurückzuführen sind, liegt es nahe, Konzepte wie das der Teilnehmerorientierung oder des selbstgesteuerten Lernens auf ihre empirischen
Korrelate zu befragen. Das kann zu einer generellen Infragestellung derartiger Konzepte führen. Solche Konfrontationen sollten allerdings nicht den
Stellenwert pädagogischer Leitideen vergessen lassen, die keine Realitätsbe-
schreibungen sind und immer auch einen utopischen Überschuß haben. Andererseits sollten auch die engagierten Vertreter solcher Ideen bereit sein, die
über empirische Analysen verfügbare gemachten ‚Realitäten' zur Kenntnis
zu nehmen und nicht aus Angst vor Abwertungen zu ignorieren.

## 3.4 Kontrast- und Korpusanalyse

Die Analyse eines Einzelfalls, hier einer Unterrichtsphase, beschränkt sich
gewöhnlich nicht auf die Rekonstruktion dieses Falls, sondern strebt an, allgemeine Aussagen über den Bereich, aus dem der Fall stammt, zu machen.
Die dahinterstehende Idee ist, daß der Fall die Struktur in sich trägt, die andere Fälle aus dem Bereich und damit den Gesamtbereich kennzeichnet:

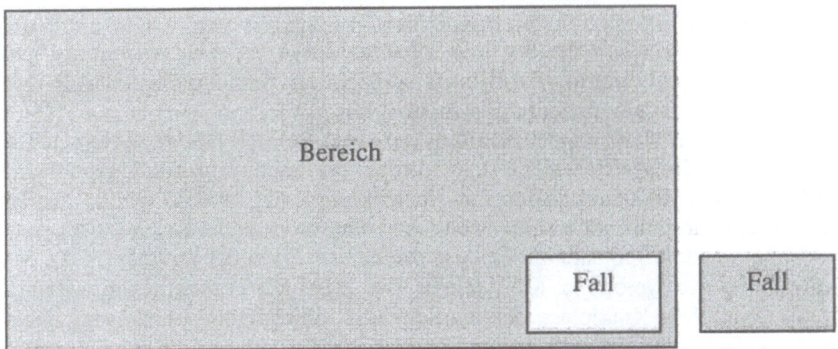

Bei der Frage nach der Verallgemeinerbarkeit von Einzelfallanalysen ist die
Reichweite zu bedenken, die man anstrebt. Bei der Untersuchung von pädagogischen Interaktionen in Institutionen ist es zunächst die gewählte Institution, die die Reichweite bestimmt. Kindergarten, Schule, Universität, Einrichtungen der allgemeinen Erwachsenenbildung oder der beruflichen Weiterbildung bilden spezifische Interaktionsmuster aus. Wenn, was durchaus im
Sinne der Repräsentativität bezweifelnden qualitativen Forschung liegt, ein
Einzelfall zur Formulierung allgemeiner Aussagen benutzt wird, muß gefragt
werden, wie weit die Verallgemeinerung vernünftigerweise gehen kann. Im
hier herangezogenen Beispiel wäre zu entscheiden, ob die herausgearbeiteten

Interaktionsmuster typisch sind für die Erwachsenenbildung, die Alten- oder Frauenbildung, die soziokulturelle Bildung, die universitäre Bildung, die Form des Literaturkreises, usw. Die Begründung für die Applizierung auf einen der genannten Bereich ist schwierig. Zur Absicherung empfiehlt es sich deshalb, den interpretierten Fall mit zusätzlichen Fallbeispielen im anvisierten Bereich zu kontrastieren.

Statt auf beliebig viele weitere Beispiele zurückzugreifen, kann man auch einen einzigen weiteren Fall auswählen, der in einem bestimmten Verhältnis zum Ausgangsfall steht. Wenn nur ein kleiner Ausschnitt institutioneller pädagogischer Interaktion interessiert, liegt ein minimaler Vergleich nahe, bei einem größeren Bereich ein maximaler. Im hier herangezogenen Beispiel war das Untersuchungsinteresse auf den relativ großen Bereich der allgemeinen, auf Freiwilligkeit basierenden Erwachsenenbildung gerichtet. Deshalb mußte als Kontrastbeispiel eine Interaktion ausgewählt werden, die möglichst weit entfernt von dem untersuchten Seniorenkurs mit einem Thema aus der soziokulturellen Bildung lag. Die Wahl fiel auf einen Vormittags-Kurs „Einführung in die PC-Arbeit", durchgeführt an einer mittelstädtischen Volkshochschule. Das Angebot wurde primär von Frauen zur beruflichen Qualifizierung wahrgenommen. Die Volkshochschule stellte dafür spezielle Räumlichkeiten zur Verfügung, die es ermöglichten, daß höchstens jeweils zwei Teilnehmer vor einem Personal Computer sitzen. Die Mehrzahl der Teilnehmer war – wie auch der Kursleiter – zwischen dreißig und vierzig Jahren alt. Die Aufnahme gab den Beginn des vierten Vormittags wieder, an dem der Kursleiter den ‚Stoff' der vergangenen Sitzung wiederholte.

So konnten zwei Kursausschnitte aus dem Bereich der allgemeinen Erwachsenenbildung gegenübergestellt werden, die durch folgende Unterschiede auffallen: Dem Bekanntmachen mit einem komplexen, sowohl wissenschaftsinterdisziplinären als auch alltagsweltlichen Thema steht die Rekapitulation eines abgegrenzten Bedienerwissens gegenüber; der Form der Diskussion die des Abfragens; die weibliche Kursleiterin, die über ein Frauenthema referiert, dem männlichen Kursleiter, der als Spezialist eines technischen Wissensbereichs auftritt; der Gruppe älterer langjähriger Teilnehmer die von jüngeren in einem gerade erst begonnenen Kurs; der wöchentlich einmal zwei Stunden umfassenden Veranstaltung der Kompaktkurs mit vier Stunden an fünf Tagen der Woche; die an ein Universitätsseminar erinnernde Veranstaltung dem Kurs, der auch als berufliche Fortbildung genutzt werden kann.

Die Idee einer solchen Gegenüberstellung ist, daß sich in den Gegensätzen zwei Endpunkte einer gleichen Linie zeigen, die es zu erkennen gilt:

Die Unterschiedlichkeit der beiden Veranstaltungen zeigt allein das Anfangssegment, das hier nur zitiert, aber nicht weiter analysiert wird (Interessierte
Leser mögen es als Aufgabe auffassen, diesen Beginn dem Beginn des Senio-
renkurses gegenüberzustellen):

KL: Äh. wir haben. das letzte Mal –.. uns äh in die Schwierigkeiten von MS-<u>DOS</u> vertieft'.. und ich will noch mal wiederholn dann- ei:ne wichtige Funktion dieses Lehr-
gangs is ja daß man alles son bißchen kennenlernt.. daß wir aber eben nicht in der
Lage sind das dann alles auch zu können, und wenn das mit den Pfa:den Ihnen noch.
sehr dubios is hab ich dafür Verständnis –.. wichtig is daß daß Sie ne Idee haben daß
es sowas gibt'. daß son Rechner da irgendwie –. sich organisiert.. und wers

T1:                                                                                                    (unverständlich)
KL: dann –. ernsthaft noch machen will muß natürlich (unverständlich)

Auch der so beginnende Kursausschnitt wurde einer detaillierten Sequenzana-
lyse unterzogen, interaktionelle Muster wurden ausgemacht und der Verlauf
der Unterrichtssequenz rekonstruiert. Dabei wurde u.a. festgestellt, daß im
Gegensatz zu der Kurs-Diskussion über die weibliche Moral der Bezug zwischen den aufgeführten Quellen und dem Kursgespräch ein lockerer ist. An
keiner Stelle des Kursgesprächs wird auf die Kursunterlage verwiesen, und
der frei referierende Kursleiter greift auch nicht auf andere Fachliteratur zurück. Nicht die Kursunterlage als komprimierte und systematisierte Nach-
schlagemöglichkeit bildet die Quelle des Lehrstoffs, sondern der Kursleiter.
Die starke Einbindung der Teilnehmer macht mehr noch als im Seniorenkurs
eine Präsentation notwendig, die deren Verstehensschwierigkeiten berücksichtigt, den Lernstoff also in diesem Sinne reduziert und transformiert (vgl. Nolda 1996b, S. 167f).

Weiter überwiegt bei der obigen Präsentation – im Gegensatz zum Seniorenkurs, wo die Kursleiterin eher ihre Rezeption zu verbalisieren scheint –
beim Kursleiter die Tendenz zur Transformation des Stoffs, d.h. seiner aktiven,
auf die Lernenden zugeschnittenen Umgestaltung. Nicht das in der schriftlichen
Unterlage komprimierte und systematisierte Wissen ist der Bezugspunkt, sondern die Teilnehmer als Lernende, die an den durchgenommenen Stoff erinnert
und die auf künftige Anwendungssituationen (inklusive der sich dabei ein-
stellenden Frustrationen) vorbereitet werden sollen. Diese unterschiedliche
Zielsetzung prägt die Präsentation durch den Kursleiter: Die Teilnehmer werden einerseits als Lernende, andererseits als Anwender angesprochen. Wissen,
das vom Kursleiter als praxisirrelevant identifiziert wird, erscheint in der Präsentation fast verstümmelt, zumindest unklar (vgl. a.a.O., S. 171).

Aus der Kontrastierung dieser beiden, Extrempunkte des Feldes der allgemeinen Erwachsenenbildung kennzeichnenden Fälle konnten Antworten
auf die die Untersuchung und damit diesen institutionellen Bereich bestim-
mende Frage, wie Teilnehmer das Problem des befriedigenden Umgang mit
einem Wissen lösen, das weder vollständig beherrschbar ist noch soziale
Macht oder gar endgültige Aufschlüsse verspricht. Diese ,Antworten' wur-

den in Gruppen zusammengefaßt, so daß zwischen Ebenen und (untergeordneten) Kategorien unterschieden werden konnte.

Die Aufgabe bestand also darin, die für den ersten Einzelfall herausgearbeiteten Ergebnisse mit denen des Kontrastfalls zu vergleichen und aus diesem Vergleich heraus Kategorien zu formulieren, für die aus beiden Fällen Belegstellen herangezogen werden konnten. Die Gegenüberstellung dient demnach zur Entwicklung eines auf beide Extremfälle gleichermaßen anwendbaren Kategoriensystems. Eine der auf diese Weise formulierten Ebenen, die für den institutionellen Aspekt pädagogischer Interaktionen von besonderem Interesse ist, lautet „Reaktionen auf Unverbindlichkeit" bzw. „Reaktionen auf institutionelle Machtlosigkeit". Was darunter zu verstehen ist und welche konkreten Ausprägungen in den beiden Fällen darunter gefaßt werden, zeigt das folgenden Zitat:

„Eine wesentliche Rahmenbedingung derartiger Kurse ist die Unregelmäßigkeit der Teilnahme an ihnen und die daraus folgende mangelnde Vorbereitung der Teilnehmer. Im Seniorenkurs, in dem sogar eine Teilnehmerliste herumgeht, wird dies durch die Fragen bzw. Klagen von Teilnehmern offenbar, die die unzureichende Versorgung mit Artikelkopien auslöst. Im PC-Kurs wird das Thema nicht angesprochen, könnte aber aus dem Umstand erschlossen werden, daß sich nur eine Minderheit an der Stoffwiederholung beteiligt. Von seiten der Kursleiter wird die Fluktuation also nicht thematisiert. Dies hätte auch wenig Sinn, da ihnen keine Mittel zu Verfügung stehen, diese zu verhindern. Die Kursleiter – unwillig, auf entsprechende Thematisierungen einzugehen oder aber das Thema überhaupt anzusprechen – tun so, als ob sie immer der gleichen Teilnehmergruppe gegenüberstehen, mit der eine kontinuierliche Arbeit möglich sei. Im PC-Kurs fordert der Kursleiter nicht einzelne Teilnehmer direkt auf, seine Fragen zu beantworten, sondern vertraut auf die Freiwilligkeit und Kooperativität der regelmäßig Teilnehmenden. Durch die Wiederholungsphase schafft er für diejenigen, die beim letzten Termin gefehlt oder aber nicht alles verstanden haben, eine diskrete Möglichkeit des ‚Nachholens'. Im Seniorenkurs referiert und lokalisiert die Kursleiterin mehrfach Passagen des Textes, so daß unvorbereitete Teilnehmer mit dem Inhalt vertraut gemacht werden und die gerade mit Kopien versorgten schnell noch nachlesen können. Der Leiter des PC-Kurses orientiert sich zwar an der Systematik der Kursunterlage, ist aber in seiner Präsentation davon unabhängig. Obwohl das ungenügende Wissen der Teilnehmer – mit aller Vorsicht – thematisiert und die Notwendigkeit einer Vertiefung des im Kurs Angesprochenen und Geübten angesprochen wird, fordert er sie auch nicht auf, dort nachzuschlagen. Eine – unausgesprochene – Entwertung der schriftlichen Diskussionsunterlage findet auch im Seniorenkurs statt. Der Kursleiterin scheint es letztlich nicht wichtig zu sein, ob alle Teilnehmer im Besitz einer Kopie sind. Sie verweist zwar wiederholt auf Stellen im Text, korrigiert aber in keinem Fall eine unrichtige oder unvollständige Paraphrasierung der Teilnehmer. Schließlich verzichtet sie weitgehend darauf, über den Textstatus zu informieren bzw. diesen bei Paraphrasierungen konsequent zu berücksichtigen. Ihr lässiger Umgang mit dem Text dürfte allerdings weniger wie beim Leiter des PC-Kurses auf einer grundsätzlichen Vertrautheit mit der Materie beruhen, sondern vielmehr auf der Sicherheit eines Urteils, das sie u.a. aus dem Text selbst bezogen hat. Die entwertete bzw. ignorierte Kursunterlage bewirkt eine Unklarheit über die Ausdehnungen bzw. Grenzen des Lerngegenstands. Das Verhältnis des gerade behandelten Ausschnitts zu dem Ganzen kann so nicht bestimmt werden.

Zusammenfassend ist festzustellen, daß die Lehr-/Lernsituation von einer konstitutiven Unverbindlichkeit geprägt ist. Ob die Teilnehmer anwesend und vorbereitet sind, ob sie wirklich verstanden haben, was vorgetragen wird, scheint ebenso wenig erheblich wie die Frage nach der Exaktheit der Präsentation durch die Kursleiter. Falsche Antworten oder Exkurse der Teilnehmer werden ohne Zeichen der Verärgerung hingenommen, auf zu vermutende Vorbereitungsmängel und Vermittlungsschwierigkeiten der Kursleiter nicht eingegangen.

Trotzdem herrscht die Bedingung der Ernsthaftigkeit. Der Lernstoff wird nicht zur Disposition gestellt oder ridikülisiert, die Rolle des Kursleiters ebenso wenig wie die Anstrengungen der Teilnehmer offen desavouiert. Für den Augenblick sind die Beteiligten bei einer Sache, die sie im nächsten Moment aber auch aufzugeben bereit scheinen. Für den Augenblick ordnen sie sich den Bedingungen übernommener etablierter Muster unter: der akademischen Diskussion oder der schulischen Rekapitulation. Die momentane Inszenierung ist wichtig, nicht aber der Hintergrund wie im einen Fall die begleitende Lektüre der Originalquellen oder im anderen das häusliche Lernen (...) und natürlich auch nicht die Folgen wie Leistungsnachweise und davon abhängige Karrierechancen.

Diese Rahmenbedingungen lassen eine Beschreibung des Kursgeschehens als gestufte päda- bzw. andragogische Machtsituation i.S. einer Abhängigkeit der Unterrichtsmaterialien bzw. Curricula auf Kursleiter und einer Einflußnahme der Kursleiter auf die Teilnehmer nicht zu" (a.a.O., S. 174ff).

Auch wenn man grundsätzlich der Idee traut, aus der Kontrastierung zweier gegensätzlicher Fälle die Bandbreite an Realisierungsformen allgemeiner Prinzipien zu erfassen, wird man nicht darauf verzichten wollen, die auf diese Weise ermittelten Ergebnisse anhand weiterer Beispiele überprüfen zu wollen. Wenn bereits zu Anfang der Untersuchung ein Korpus an Mitschnitten erstellt wurde, ist dies keine Problem. Andernfalls müßte an dieser Stelle im Untersuchungsprozeß ein solches Korpus zusammengestellt werden. In der Regel ist es ausreichend, weitere Belegstellen für die aus der Einzelfall- oder Kontrastanalyse gewonnenen Ebenen und Kategorien anzuführen bzw. diese Ebenen und Kategorien durch die zusätzlichen Beispiele einer nochmaligen Prüfung mit dem Ziel der Präzisierung und Differenzierung zu unterziehen. Dieses Vorgehen führte bei der Ebene „Reaktionen auf institutionelle Machtlosigkeit" zu folgenden Erweiterungen:

„Die (...) zusätzlich herangezogenen Ausschnitte aus anderen Kursen zeigen, daß Ausblenden und Indifferenz nur eine Reaktionsform von Kursleitern auf Unverbindlichkeit ist: Lachen und Ironie sowie die Herstellung persönlicher Bindungen zu den Teilnehmern treten hinzu und verdeutlichen den hohen Grad an Unklarheit (und Tabuisierung) in diesem Bereich, der den Kursleitern eine sachliche Bewältigung nicht möglich zu machen scheint.

Die Reaktionen auf die Auswirkungen institutioneller Machtlosigkeit spiegeln diese gewissermaßen. Das ‚Versagen' der Institution, die keine eindeutige Ordnung in den sozialen Beziehungen und Rollen schafft (vgl. Wodak 1988, S.801), ist so in den Kursleiter-Reaktionen des Lachens, der Ironisierung, des Rechtfertigens und der Verlegenheit als Unsicherheit über die Rolle und die damit verbundenen Machtpotentiale erkennbar" (a.a.O., S. 224).

Was im Anfangssegment begonnen wurde, setzt sich in der Segmentfolge der Unterrichtseinheit fort, wiederholt sich bei der Konstrastanalyse und findet seinen Abschluß in der Korpusanalyse: Aus einzelsegmentbezogenen Hypothesen werden durch die Kontrolle der übrigen Segmente Thesen, die sich auf die Segmentfolge bzw. einen Fall beziehen, aus fallbezogenen Thesen zweier Einzelfälle werden in der Kontrastanalyse bereichsbezogene Hypothesen, die durch die Kontrolle weiterer Fälle bzw. Fallausschnitte zu bereichsbezogenen Thesen werden.

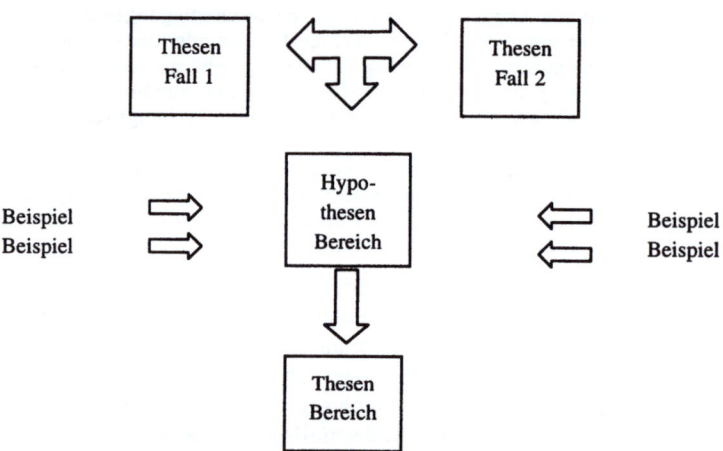

Das Verfahren ist damit zweifellos als methodisch kontrolliert zu betrachten, sichert aber trotzdem keine überzeitlich gültigen Ergebnisse zu: So wie im Verlauf der Untersuchung Zwischenergebnisse zu Disposition stehen, so können auch ‚Endergebnisse‘ Objekte für weitere und spätere – methodisch kontrollierte – Überprüfungen werden.

## 3.5 Vergleich mit externen Materialien

Neben den bei jeder Interpretation notwendigen Binnenvergleichen treten Außenvergleiche, die die Eigenart des Materials hervortreten lassen. Solche Vergleiche können vorab geplant werden, sie können sich aber auch im Verlauf des Forschungsprozesses ergeben. Es ist möglich, derartige Vergleiche systematisch oder aber auch punktuell vorzunehmen: So kann es sinnvoll sein, die Art der Ansprache von Teilnehmern zu Beginn soziokultureller Seminare der Erwachsenenbildung mit der Ansprache von Teilnehmern an öffentlichen Museumsführungen zu kontrastieren (vgl. Nolda 1996b, S. 214ff).

Auf diese Weise kann der Umgang mit der institutionellen Rahmenbedingung der Unverbindlichkeit in der organisierten Ewachsenenbildung im Kontrast zu der noch größeren Unverbindlichkeit kostenloser Museumsführungen, an denen man ohne Anmeldung teilnehmen kann, präzisiert werden.

Solche externen Vergleiche stellen dem gewählten Forschungsbereich einen anderen Bereich gegenüber, der mit dem ersten nicht in einer realen Beziehung steht, der aber gewisse Kennzeichen mit ihm gemein hat. Davon zu unterscheiden sind Vergleiche mit Materialien, die zu dem primären Forschungsbereich eine zeitlichen, räumlichen, ursächlichen, logischen oder erfahrungsgemäßen Bezug haben[12]. Im Fall pädagogischer Interaktionen bieten sich eigentlich die mehr oder weniger explizit genutzten Unterrichtsmaterialien (Lehrbücher, Medien, für den Unterricht bearbeitete oder aber – wie in diesem Fall – unbearbeitete Texte) an. Erstaunlicherweise werden solche Materialien kaum herangezogen: (Pragma)Linguisten interessieren sich für die gesprochene Sprache, Pädagogen für das allgemein Pädagogische und Fachdidaktikern ist – so könnte vermutet werden – mehr an Empfehlungen als an empirischer Erforschung gelegen.

Bei der Berücksichtigung eines weiteren Materialtyps ist dessen Eigenart angemessen zu berücksichtigen. Bei schriftlichen, primär der Information dienenden Texten ist zu bedenken, daß es sich um eine Form der fixierten, normierten, zeitversetzten, rezipientenunabhängen Kommunikation handelt, die anderen Gesetzen gehorcht als die flüchtige, ‚fehlerhafte‘, simultane, rezipientenabhängige mündliche Interaktion. Unter Berücksichtigung dieser Unterschiede ist es allein schon aufschlußreich, zu verfolgen, wie Unterrichtende einen schriftlich vorgegebenen Text mündlich präsentieren, was sie hinzufügen, was sie weglassen, was sie ersetzen, was sie umstellen und was sie wiederholen. Dazu ist eine synoptische Darstellung geeignet, die den Text in seiner ursprünglichen Abfolge den Teilen des Unterrichtsgesprächs gegenüberstellt, die sich darauf beziehen. Wie das aussehen kann, illustrieren zwei Beispiele aus der genannten Untersuchung:

---

12  Die Unterschiede zwischen den beiden Arten von externen Vergleichen entsprechen dem Unterschied von Metapher und Metonymie.

# SYNOPSE

**Moral für zwei.**

**Geschlechtsspezifische Merkmale des guten Lebens?**

La Rochefoucauld formulierte ein Grundproblem aller moralischen Theorie auf gewohnt lakonische Art: „Männer", so schrieb er 1677, „sind nicht immer aus Tapferkeit tapfer und Frauen nicht immer aus Keuschheit keusch". Daß das tugendhafte Verhalten nicht notwendigerweise tugendhaften Motiven entspringt, wußte der gesunde Menschenverstand lange vor der Psychoanalyse. Doch als selbstverständlich setzt La Rochefoucauld voraus, daß für Frauen und Männer unterschiedliche moralische Normen galten.

(Nolda 1996b, S. 112)

Diese Kritik hat Birgit Rommelspacher in ihrem Buch „Mitmenschlichkeit und Unterwerfung – Zur Ambivalenz der weiblichen Moral" (Frankfurt 1991) formuliert. Die „weibliche Moral" der Fürsorge, Aufopferung und Hingabe habe ein Doppelgesicht: Sie sei „Ausdruck von zwischenmenschlicher Verbundenheit und weiblicher Ohnmacht zugleich". Einerseits geht sie mit einer größeren Fähigkeit zur Einfühlung und damit auch zu „wesentlichen" Beziehungen" einher. Andererseits benutzt die Frau diese Beziehungen, um sich auf dem Umweg über andere zu verwirklichen: Über den Ehemann hat sie an gesellschaftlicher Macht teil und muß, um sich diese zu erhalten, „psychische Macht" über ihn gewinnen. Indem sie sich für ihn aufopfert, bindet sie ihn an sich; indem sie „alles ver-

Ja,. äh... eh hier auf Moral für zwei –. (schneller) also daß heißt eine Moral für die beiden Geschlechter* eine Moral für die Frau&eine Moral für die Frauen eine Moral für die Männer'. ähm äh die Autorin hier auf diese- Idee kommt oder diese diesen Gedanken entwickelt. äh den sie auf. aus Büchern- aus drei oder vier Büchern hat. äh die sie da referiert' stellt sie ein- Zitat an den Anfang ..ich hab jetzt ja doch Augenblick ja Dorothee Nolte ich war mir jetzt gar nich mehr sicher ob des ob die Autorin des Artikels auch wirklich eine Frau war oder obs (lachend) ein Mann war ((Lachen)) gut stellt sie also das&ein Zitat an den Anfang äh Männer- so wird 1677 geschrieben sind nicht immer aus Tapferkeit tapfer und Frauen nicht immer aus. Keuschheit. keusch also, tugendhaftes Verhalten was ja- an sich was Positives ist entspringt. nicht unbedingt. tugendhaften Motiven oder notwendigerweise auch wirklich den tugendhaften Motiven sondern möglicherweise ja

daß die: äh ja'.. o.k. daß die:se oft vorhandene Aufopferung. von Frauen das is ja auch noch die die letzte These hier –. äh also dem. Manne sich unterordnen ähm aber im Grunde mit dieser Aufopferung die –.. ja, sich den Mann den. Mächtigeren eigentlich ähm untertan macht weil abhängig macht also dieser äh Gedanke daß –. sich das umkehrt dieses vermeintlich Aufopfernde praktisch in eine Machtposition- äh mündet äh das wird hier- äh ja auch noch mal thematisiert und das denk ich kennen wir auch –

steht und verzeiht", was er tut, auch wenn er sich ihr gegenüber egoistisch verhält, nimmt sie die „Mutterperspektive" ein und infantilisiert ihn.

Rommelspacher geht sogar einen Schritt weiter: Indem die Frau sich aufopfere, fliehe sie die Selbstverantwortung und mache sich schuldig. Sie erlaubt es, daß ihre persönliche Integrität verletzt wird, sie läßt es zu, daß andere an ihr Ungerechtigkeiten begehen, sie drückt sich vor der Anstrengung, ein fürsorgliches Verhalten auch sich selbst gegenüber zu fordern.

(a.a.O., S. 119)

Bei einem solchen Vergleich geht es nicht um den Nachweis von ‚Fehlern‘ oder Ungeschicklichkeiten. Auch ein Vorwurf wie der der unzulässigen Vereinfachung ist in diesem Zusammenhang nicht angebracht. Die Frage, die sich stellt, ist die nach der Funktion der hier von der Kursleiterin gewählten Umformulierungen oder Übernahmen unter Berücksichtigung der Bedingungen mündlichen Sprachproduktion. Es geht vor allem, aber eben nicht nur um eine Informationsvergabe für die Teilnehmer, die den Text nicht gelesen haben, und die Rekapitulation für die Vorbereiteten. Es geht auch um die Etablierung eines gemeinsam interessierenden Gesprächsgegenstands und seiner Präsentation als Diskussion. Es sind deshalb gegensätzliche Tendenzen zu beobachten: „Das Kursgespräch weist Tendenzen zur ‚Entwissenschaftlichung‘, wie die Weglassung von Urhebern und Quellen sowie die Mißachtung von Chronologie und Kontext, aber auch Elemente der ‚Verwissenschaftlichung‘, wie die Betonung und Hinzufügung soziologischer Kategorien (...) auf. Daneben besteht eine Spannung zwischen dem eher nachlässigen Umgang mit der Vorlage, wie sie sich in beliebig wirkenden Synonymisierungen und Substituierungen sowie im Wegfall wichtiger Passagen ausdrückt, und den Versuchen seiner Funktionalisierung, wie sie durch verdeckte Wertungen und rezeptionslenkende Umstellungen und Kommentare aufscheinen" (a.a. O., S. 34).

Das sprachliche Verhalten von Lehrenden ist nicht immer so stark wie in dem zitierten Fall von einer schriftlichen Vorlage geprägt. Aber auch in anderen Fällen sind den Lernenden meist verborgene Übersetzungen zu leisten. Im folgenden Ausschnitt ist hinter der flapsigen Ausdrucksweise der Leiterin eines Architekturkurses der zugrundeliegende schriftliche Text kaum erkennbar:

KL: Ah jetzt diese Knöppe die Sie da drin sehen in diesem in dieser Fassade die beziehen
    sich auf einen anderen Architekten und zwar auf Otto Wagner
T1: ((Lachen)) ehrlich‘

Die Familiarisierung ist nicht unproblematisch und könnte hier das Verständnis nicht befördert, sondern sogar verhindert haben: Der der Teilnehmerin möglicherweise unvertraute Brauch des künstlerischen Zitierens wird durch den umgangssprachlich-dialektalen Ausdruck „Knöppe" als fraglich hingestellt, von der Teilnehmerin als lächerlich empfunden.

Ihre Information hat die Kursleiterin aller Wahrscheinlichkeit nach aus einem kunstwissenschaftlichen Aufsatzes, abgedruckt im offiziellen Katalog des besichtigten Gebäudes, bezogen. Dort heißt es:

> „Die Mauerwerkkonstruktion ist mit rotem und gelbem Mainsandstein verkleidet, die in einander abwechselnden Streifen verlegt sind. Die einzelnen Platten sind jeweils mit einer eleganten Nirosta-Schraube befestigt; dadurch ist einerseits ein leichtes Auswechseln möglich, andererseits das applizierte „Kleid" als solches sichtbar gemacht. Wie es Otto Wagners Aluminiumbolzen beim Postsparkassenamt in Wien tun, überziehen in bewußter Anlehnung die flachen kreisrunden Stahlköpfe die gesamte Fassade mit einem ideellen Netz von glitzernden Punkten und beschwören eine subtile übergreifende Einheit, welche die verschiedenen Volumina zusammenhält."

Der wissenschaftliche Text beginnt mit einer um Präzision bemühten Beschreibung der Fassade, hier fachmännisch als „Mauerwerkkonstruktion" bezeichnet. Von der großen Fläche geht er über zu deren Einzelelementen, den „Platten" und ihrer Befestigung. Diese sind das Auffallende an dem Bauwerk. Die Kursleiterin, die mit den Teilnehmern vor der Fassade steht, weist direkt darauf hin: „Ah jetzt diese Knöppe die Sie da drin sehen", ahmt also den Blick eines nicht sachverständigen flüchtigen Betrachters nach, der nur das Ungewohnte wahrnimmt und mit einer Analogie aus dem Bereich der Alltagsgegenstände[13] benennt. Der Verfasser des Aufsatzes ist dagegen um eine technisch korrekte Beschreibung und um die Vermittlung einer ästhetischen Wertung bemüht („mit einer eleganten Nirosta-Schraube befestigt") (vgl. a.a.O., S. 281).

Es sind natürlich noch zahlreiche andere materialexterne Vergleiche denkbar. So interpretiert Kade zwei Ausschnitte aus der Interaktion in dem Volkshochschul-Kurs „Arbeitslose helfen sich selbst" im Hinblick auf die Struktur, die dem Handeln desjenigen zugrundeliegt, der formell die Stelle des Kursleiters einnimmt. Die daraus abgeleitete Strukturhypothese wird dann durch die Beschreibung des Kurses im Programm der veranstaltenden Institution gestützt. Das Handeln des ‚Kursleiters' „ist dadurch bestimmt, daß er sich zwei Gruppen zuordnet, zwischen zwei Bezugssystemen schwankt: Einerseits begreift er sich als Teil der Kursgruppe, in der er mittendrin ist (...); andererseits als Kursleiter, als Teil der VHS, Vertreter dieser Institution

---

13 Die Entscheidung für den Ausdruck ‚Knöpfe' („Knöppe") könnte durch die Klangähnlichkeit mit dem korrekten Ausdruck ‚(Stahl)Köpfe' bewirkt worden sein (was dafür spricht, daß die Kursleiterin tatsächlich den zitierten Text rezipiert und transformiert hat).

(...), der insofern den anderen als in sich geschlossener Gruppe gegenübersteht (...). (Er) ist insofern Mittler zwischen der Institution VHS und den Individuen, die sich freiwillig zu dieser Lern- und Arbeitsgruppe zusammengefunden haben" (Kade 1986a, S. 131f). Dieser auf Basis von Interaktionssequenzen ermittelte Befund wird mit der Kursbeschreibung verglichen, vor allem mit dem dort enthaltenen Satz „Die Arbeitsgemeinschaft, der lediglich moderierende Kursleiter, das Eingehen auf die Bedürfnisse der Teilnehmer sind Kursprinzip". Damit ist die Ambivalenz des ‚Kursleiters' „in der Ankündigung prägnant vorformuliert. Was sich scheinbar so harmonisch miteinander verträgt, daß es selbstverständlich aneinander anschließen, aufeinander folgen kann, dem liegen zwei grundsätzlich unterschiedene Handlungstrukturen zugrunde. Dem ‚lediglich moderierenden Kursleiter', wenn er denn überhaupt beides zugleich sein kann, Moderator und Kursleiter, dem ist die Gruppe als Handlungs- und Reflexionssubjekt vorausgesetzt; ihr paßt er sich an, ja, Assimilation heißt hier im Konfliktfall auch Unterordnung, der Gruppe ihren eigenen Weg lassen, wo sie sich der moderierenden Wirkung entzieht. ‚Auf die Bedürfnisse der Teilnehmer eingehen', dies setzt aber eine ganz andere Struktur voraus. Hier ist der Kursleiter Subjekt, der nun aber sich von den Teilnehmern nicht abkoppelt, über ihre Köpfe hinweg handelt, sondern versucht auf sie einzugehen" (a.a.O., S. 134).

Ankündigungstexte spielen in der auf Teilnehmergewinnung angewiesenen Erwachsenenbildung eine große Rolle, werden aber selten als Untersuchungsobjekte genutzt (vgl. Nolda/Pehl/Tietgens 1998). Der Werbetext für eine Veranstaltung enthält nicht nur inhaltliche Informationen, sondern auch indirekte Hinweise auf das erwartete Publikum und die gewünschte Art des Umgangs miteinander. Auch wenn Angebote der Erwachsenenbildung prinzipiell allen offenstehen, werden über den verwendeten Diskurs Selektionssignale gegeben, die bestimmte Gruppen anziehen und andere an einer Teilnahme hindern.

Wenn etwa in der Ankündigung eines Kurses über eine Künstlerin diese als „exemplarisch für Frauen" bezeichnet wird, „die auf Kosten ihrer Identität und ihrer Körperlichkeit Anerkennung erfahren", dann überrascht es nicht, wenn eine Teilnehmerin, die als Schauspielerin arbeitet, in der Vorstellungsrunde zu Beginn der Veranstaltung davon berichtet, daß sie Erfolg hatte in „Rollen, die genau meine. Weiblichkeit ständig... äh negieren". Der zeittypische feministische Diskurs, der hier vorgeführt wird, zeigt das in Veranstaltungen der Erwachsenenbildung häufige Bemühen um Diskurshomogenität – in diesem Fall nicht im interaktiven Austausch entstanden, sondern vermutlich als Ergebnis einer ‚Kommunikation' mit dem Programmtext . Eine solche Beobachtung kann Anlaß sein, zu untersuchen, ob und wie dieser Diskurs in der Interaktion mit der Kursleiterin und mit anderen Teilnehmerinnen bestätigt, modifiziert, vielleicht auch von anderen Diskursen verdrängt wird.

Während bei Kade der Befund der Interaktionsanalyse durch einen zweiten Materialtyp abgestützt wird, war im Fall des in Arnold u.a. (1998) mehreren Autoren zur Interpretation vorgelegten Materials die Triangulation von vornhinein geplant. Dort sind nämlich dem eigentlichen Interaktionstranskript, ein Ausschnitt aus einem Seminar „Ausbildung zur Tagesmutter", Informationen zur Teilnehmergruppe und zum Kursdesign sowie ein Interview mit der Dozentin beigelegt. Die Informationen zur Teilnehmergruppe wurden indirekt erhoben: durch Erzählungen im Seminar, Pausengespräche und Beobachtungen des Seminarverlaufs. Eine dieser Informationen lautet:

Teilnehmerin A:

Alter ca. 45 Jahre, Hausfrau, keinen erlernten Beruf, 3 erwachsene Kinder, zwei Töchter außer Haus (München, Paris), ein Sohn (selten zu Hause), der Mann ist selbständig (arbeitet täglich bis nach 21.00 Uhr), dazu ist er noch im Gemeinderat aktiv, sie hilft bei der Buchhaltung. Im Seminar berichtet sie sehr oft davon, daß seit die Kinder aus dem Haus sind, ihr der notwendige Lebensinhalt fehle. So finde an nichts mehr richtig Freude. Möchte gerne ein Kind adoptieren, bekommt aber keine Unterstützung von ihrem Mann. Zur Zeit ist sie in ärztlicher Behandlung, da sie sich psychisch sehr belastet fühlt. Eigentlich wollte sie lieber den Kurs für Erziehungshelfer/-innen besuchen. Sie fand aber weder einen Rückhalt in der Familie noch bei der VHS, der Kurs sei sehr schwer – so der VHS-Leiter – davon habe sie sich abschrekken lassen. Sie schien sehr unselbständig und sehr beeinflußbar von Außenstehenden. Sie wurde im Verlauf des Kurses immer selbstbewußter und konnte aus der ärztlichen Behandlung entlassen werden" (a.a.O., Anhang, S. 1).

Wenn Interpreten eine solche Information bekommen und ernst nehmen, kann der Vorteil der Überprüfung auch in den Nachteil der Beeinflussung umschlagen. Alles, was die Teilnehmerin A sagt, wird dann im Licht dieser erfolgreichen ,Bildungsgeschichte' („Sie wurde im Verlauf des Kurses immer selbstbewußter") gesehen. Man vergleiche etwa die folgende Interpretation einer Passage am Ende des transkribierten Unterrichtsgesprächs in einem der Beiträge des Bandes:

Interpretation 1:

„Frau A geht es um die grundlegende Bewältigung und Veränderung des Alltags. ,Ich denke immer, die Leute sind gut dran. Also ich kenne zwei Frauen, denen sind die Männer gestorben. Beide haben sich jetzt ins Arbeitsleben hineingestürzt (...) Sehr lustig die zwei, ich wundere mich, wie die noch so lustig sein können (...). Sie tastet sich hier zu einem neuen Lebensentwurf vor, ein erfülltes Arbeitsleben und privates Leben – ohne Mann" (a.a.O., S. 214).

Die Interaktionsanalyse scheint die allgemeine Information zu bestätigen und zu belegen. Anders die folgende Deutung der Passage, die einem anderen Beitrag des Bandes entnommen ist:

Interpretation 2:

„Mit einem willkürlich anmutenden assoziativen Anschluß kommt A auf das Schicksal von zwei Frauen zu sprechen, die nach dem Tod ihres Mannes beruflich überaktiv und gleichzeitig extrem ,lustig' waren. Das könnte darauf hindeuten, daß A selbst nicht mehr an die Lösung ihrer Probleme glaubt und über den Tod ihres Mannes hinaus plant. Ob sie durch die Todesphantasien ihre versteckten Aggressionen gegenüber ihrem Mann auszuagieren versucht, entzieht sich natürlich einer Überprüfung" (a.a.O., S. 43).

Die Interpretation 1 ist mit der Interpretation in den ‚Informationen' kompatibel, die Interpretation 2 nicht. Eine Überprüfung ist aber nicht anhand der subjektiven Einschätzung in den Informationen, sondern durch den Rekurs auf das Transkript möglich. Der Ausschnitt, auf den sich die beiden Interpretationen beziehen, lautet:

L   Man verdrängt es und irgendwann kommt es dann in Form einer Krankheit zu Tage. Durch Durchfall oder Kopfweh oder irgendwas.

A   Ich denke immer, die Leute sind gut dran. Also ich kenne zwei Frauen, denen sind die Männer gestorben. Beide haben sich jetzt ins Arbeitsleben hineingestürzt, (.) daß sie es eigentlich ganz gut verkraften, so rein äußerlich (unverständlich)

L   Es kommt natürlich drauf an, ob sie die Trauerphase durchlebt haben. Ich glaube, sofort nach dem Tod des Mannes kann man nicht arbeiten, da ist man noch arbeitsunfähig. Und wie lang war es bei denen?

A   Zwei Jahre, sehr lustig die zwei, ich wundere mich, wie die noch so lustig sein können.

(a.a.O., Anhang, S. 28)

A stellt demnach die verallgemeinernde Behauptung von L (der Leiterin) in Frage, indem sie auf einen ihr bekannten Fall, der das Gegenteil zu beweisen scheint, hinweist. Der Bezug zu ihrer eigenen Problematik wird von ihr selbst nicht hergestellt. Genau hier aber setzen die beiden Interpreten an, indem sie sich der Begriffe und Modelle der Psychoanalyse einerseits und der Frauenemanzipation andererseits bedienen. Daß im zweiten Fall die Interpretation der Einschätzung in der ‚Information' nahekommt, beweist nicht ihre Richtigkeit. Sie könnte im Gegenteil zu der Vermutung veranlassen, daß sich hier – wie in der konkurrierenden Interpretation – Sichtweisen und Vorannahmen unabhängig vom Text durchgesetzt haben. Die Problematik der ‚Informationen' besteht darin, daß sie zu einem Teil Interpretationen enthält (worauf übrigens im Band hingewiesen wird). Damit ist dieses Material für einen externen Vergleich nicht wertlos; es muß nur in dieser Eigenschaft erkannt und entsprechend rezipiert werden.

Anders verhält es sich mit den übrigen Vergleichsmaterialien: den Angaben zu Kurszielen und -inhalten und dem Interview mit der Kursleiterin. Erstere stellen wichtige Hintergrundinformationen dar, die ein unnötiges Rätselraten über angesprochene Themen, Abläufe und vielleicht sogar Verhaltensformen vermeiden, (auch wenn sie dabei die von Oevermann verlangten Gedankenexperimente verhindern). Das Interview kann dagegen zu einer ausgearbeiteten vergleichenden Analyse verwendet werden, in der die Frage nach der Sicht der Leiterin zum Lernkonzept und zum Lernverlauf mit ihrem tatsächlichen Handeln in der Interaktion kontrastiert werden kann. Auch hier muß der unterschiedliche Status der beiden Materialtypen bewußt sein: Ein Interaktionsprotokoll zeichnet das ‚natürliche' Unterrichtsgespräch auf, in dem die Kursleiterin unmittelbar pädagogisch agieren und reagieren muß. Im Interview dagegen wird sie zu Aussagen *über* sich und ihre Tätigkeit aufgefordert. Während sie im Unterricht selbst, geleitet durch ihr Konzept, auf die Gruppe einwirken will, ist sie beim Interview Objekt und Interaktionspartnerin des Interviewenden.

In dem Band liegt eine Analyse, die beide Materialtypen ausdrücklich berücksichtigt, vor. Der damit verfolgte Ansatz der Perspektivenverschränkung ist aber – nach Meinung der Autorinnen der Analyse – insofern unvollständig, weil dazu auch Interviews mit den Teilnehmerinnen gehören, so daß deren konkretes Handeln und ihre interpretierende Sicht einander gegenübergestellt und mit der Sicht der Kursleiterin konfrontiert werden können (vgl. a.a.O., S. 187f).

Die Verwendung unterschiedlicher Daten und Methoden bezeichnet man bekanntlich mit einem aus der Landvermessung übernommenen Ausdruck als Triangulation, eine Forschungsstrategie, mit der man verhindern will, daß der Gegenstand durch die Wahl einer einzigen Methode beeinflußt oder gar verfälscht wird (vgl. Schründer-Lenzen 1997, S. 107). Während es sich bei der Triangulation (auch bei sogenannten Perspektiven-Triangulation) lediglich um ein allgemein forschungsstrategisches Verfahren handelt, ist die Perspektivenverschränkung ein methodisches Arrangement, das der Erwachsenenbildung in besonderer Weise angemessen zu sein scheint (vgl. auch Gieseke 1985). Hier geht es nämlich darum, die unterschiedlichen Deutungen der Beteiligten als konstitutiv für Erwachsenenbildungsprozesse anzusehen.


## 3.6 Das Institutionelle und das Pädagogische

Daß pädagogische Kommunikation auch außerhalb von pädagogischen Einrichtungen stattfindet, ist bereits angesprochen worden. Es besteht sogar Grund zur Annahme, daß diese zugenommen hat – u.zw. in dem Maße, in dem immer weniger auf Normen und Traditionen und auf von gesellschaftlichen Großgruppen geteiltes Bildungswissen einerseits und immer mehr technische Neuerungen im Alltag verbreitet werden und verschiedene Ethnien und Nationen immer ,näher' zusammenrücken. Im wesentlichen handelt es sich dabei aber um distanzierte, medial vermittelte Kommunikation, während der Anteil an unmittelbaren pädagogischen face-to-face-Interaktionen außerhalb entsprechender Institutionen gleich geblieben sein dürfte.

Interaktionen in pädagogischen Institutionen zu untersuchen, kann schlicht bedeuten, den Bereich zu bezeichnen und abzugrenzen, dem die zu untersuchenden Materialien entnommen sind, die dann nach unterschiedlichen Gesichtspunkten analysiert werden können. So interessiert sich die Forschungsrichtung der Konversationsanalyse für eine Mikrosoziologie des Alltags, während die Sprechakttheorie die Gesetzmäßigkeiten des Sprachhandelns erforschen will.

Aus erziehungswissenschaftlicher Perspektive kommt als Thema alles in Frage, was mit dem Bereich der organisierten Erziehung zusammenhängt, darunter auch die Interaktion in pädagogischen Institutionen. Dieses Interesse schließt aber nicht notwendig das Institutionelle, das durch diese Interaktionen hervorgebracht wird, mit ein. Es kann sich durchaus auf das Registrieren von Umgangsformen beschränken, die als einem pädagogischen Konzept angemessen oder unangemessen beurteilt werden sollen.

Es dürfte mittlerweile deutlich geworden sein, daß dies nicht die Intention der hier vorgeschlagenen Analysen ist. Diese richten sich eher darauf zu rekonstruieren, wie in der Interaktion der Beteiligten eine pädagogische Situation hergestellt, aufrechterhalten und zu einem Abschluß gebracht wird. Das Institutionelle interessiert weniger als Vorgegebenes, sondern als Konstruiertes. An den Interaktionen, die in Institutionen der Erwachsenenbildung stattfinden, gilt es herauszufinden, wie die Institution Erwachsenenbildung konkret realisiert wird.

Deshalb ist es von geringem Interesse, wenn die Institution, in der pädagogische Interaktionen ablaufen, thematisiert wird – was im übrigen auch selten geschieht. Der Fokus liegt vielmehr auf den Prozessen, in denen das entsteht, was das Institutionelle ausmacht: die geregelte Kooperation, die Dauerhaftigkeit und die Beschränkungen, denen Handlungsspielräume unterliegen. Nachzuzeichnen ist, wie die Akteure Zwecke gemeinsam hervorbringen, wie sie ihre Rollenverteilung organisieren und markieren und wie sie ihre Interaktionen von anderen, institutionellen oder nicht-institutionellen, Interaktionen abgrenzen.

Das klingt einfacher, als es ist. Die Schwierigkeit, die an institutioneller Interaktion Beteiligte bewältigen müssen, besteht nämlich darin, Regelhaftigkeit und damit Beschränkungen nicht einfach durchzusetzen bzw. zu befolgen, sondern gemeinsam ihren in der Regel unterschiedlichen Bedürfnissen anzupassen. Diese Schwierigkeiten potenzieren sich in sogenannten permissiven Institutionen. Hinzu kommt, daß gegenwärtig eine generelle, auch traditionell strenge Institutionen betreffende Lockerung eingetreten ist, die sich in erhöhter Partizipation der Klienten und in erhöhter Aushandlungsbereitschaft der Agenten von Institutionen ausrückt.

Wenn hier als Beispiel primär die Erwachsenenbildung herangezogen wurde, so ist diese unter den pädagogischen Bereichen durch eine ausgesprochen ‚weiche‘ Institutionalität gekennzeichnet (s.o.). Es zeigt sich hier deshalb deutlicher, was in anderen von vornherein strenger reglementierten, durch Selektion und Sanktion gekennzeichneten pädagogischen Institutionen ansatzweise zu beobachten ist bzw. künftig zu beobachten sein wird: eine abgeschwächte Asymmetrie, ein bedingter Widerstand und eine durch Harmonisierung gebremste Thematisierung von Differenzen und Konkurrenzen.

Was damit gemeint ist, soll im folgenden anhand einiger weiterer Beispiele und ihrer Analyse gezeigt werden – zum einen, um diese Behauptung auf ihre empirischen Ursprünge zurückzuführen und damit zu belegen, zum anderen,

um zum Abschluß das durch Interaktion hervorgebrachte Institutionelle pädagogischer Kommunikation hervorzuheben, das in den vorigen Kapiteln hinter
der Frage der Abfolge von Untersuchungsschritten zurückgetreten ist.

In Beispiel (I) berichtet die Leiterin eines Kochkurses zum Erstaunen der
Teilnehmer von ihrer Methode der Obstreinigung mit Seife. Bei der Aufforderung zum praktischen Tun nimmt sie darauf wie folgt Bezug:

(I)
KL: Ja wer will die Aprikosen.Dickmilch machen'.. wer traut sich Aprikosen mit Seife zu
    waschen
(3 Sek. Pause)
T1: Ja das mach ich
((allgemeines Lachen))
KL: Gu:t
T1: Ich muß des ja <u>lernen</u>

Der Frage, wer die Speise zubereiten will, folgt nach einer kurzen Pause eine
Umformulierung, die das den Teilnehmern ungewohnte Verfahren der Obstreinigung als Mutprobe darstellt. Die Kursleiterin deutet damit als Ursache
des Zögerns der Angesprochenen den Widerstand dagegen und macht ihn
durch Überteibung lächerlich. Es ist nicht zu entscheiden, ob hier Aufforderung und zögerndes Befolgen oder ob der als problematisch deklarierte Vorgang der Obstreinigung Thema sind.

Diese Diffusion ist durchaus funktional, weil sie die Beteiligten aus der
in derartigen Instruktionssssituationen angelegten Rollenverteilung in Anord-
nende und einer Anordnung Folge Leistende befreit. Wenn nach einer kürze-
ren Pause ein Teilnehmer sich explizit bereit erklärt, die Aufgabe zu über-
nehmen, bleibt unklar, auf was genau sich seine Bereitschaft bezieht: auf die
Zubereitung der Speise oder auf das Waschen des Obstes mit Seife.

Das Lachen, das seiner Äußerung folgt, umschließt alle – also auch die
Kursleiterin und den Teilnehmer selbst. Es kommentiert die Paarsequenz und
damit das darin ausgedrückte Machtverhältnis als unernst, als spielerisch und
ermöglicht damit die intendierte Unterrichtsdurchführung. Mit ihrer Ratifi-
zierung gewinnt die Kursleiterin ihre Rolle, die gerade durch Ironisierung
bedroht war, wieder zurück – muß aber dann wieder in Kauf nehmen, daß
der Teilnehmer seine komplementäre Rolle als Lernender durch explizite
Thematisierung ridikülisiert.

Das Paradox, das hier illustriert wird, besteht darin, daß die Ironisierung
der pädagogischen Rollenverteilung diese erst ermöglicht. Daß in der Äußerung der Begriff „lernen" besonders betont wird, zeigt die Permissivität des
Institutionellen: In rigiden Institutionen, in denen Sich-Unterordnen und Lernen selbstverständlich sind, wäre eine solche Thematisierung undenkbar.

In Beispiel (II) geht es um den Vorschlag einer Kursleiterin, im Anschluß an eine auch die persönliche Situation der Teilnehmer berührende
Diskussion ein sogenanntes ‚Blitzlicht' – ein in der Erwachsenenbildung
gängiges Verfahren der Prozeßevaluation – durchzuführen. Es handelt sich

diesmal um eine Frauengruppe, so daß hier die beim obigen Beispiel nicht abwegige Idee, es könne sich beim Verhalten des Teilnehmers um eine Art Flirt mit der Kursleiterin handeln, wohl nicht in Frage kommt.

(II)
KL: Wie- jetzt nur&noch so ne ganz kurze Frage. wie fühlen Sie sich denn jetzt so'
(5 Sek. Pause) ((Gemurmel der Teilnehmerinnen))
T1: Ich möchte *weiter* darüber reden ((Lachen)). ich find es so
KL:                                         Hm
T1: schade daß es jetzt abgebrochen wird
KL: Wir ham beim letzten Kurs immer so ein <u>Blitzlicht</u> gemacht am Schluß.. wo: je&wo jeder so ganz kurz gesagt hat wies ihm im Augenblick so geht –. was ihm gefällt- oder <u>nicht</u> gefällt und wie er so&welche <u>Stimmung</u> er hat –. und ich. fand das immer ganz interessant so son Bild son Spektrum zu kriegen was mit den einzelnen jetzt los wie der Abend für sie so. gelaufen is. nur hab ich in <u>dem</u> Fall in dem Kurs jetzt da- von abgesehen weil wir auch besprochen ham daß es n bißchen vielleicht äh so son Zwang&also mit <u>Zwang</u> verbunden is wenn sich jeder. äußern soll,. deswegen hab ich halt d die Frage einfach in n Raum gestellt und gedacht vielleicht (lachend) äu- ßert sich auch so jemand* aber es scheint schwieriger zu sein (lachend) Gerlinde. son bißchen Druck is vielleicht manchmal ganz gut
T2: Also ich hab das Gefühl ich muß gleich nach Hause zu meiner Tochter ((Lachen))
((allgemeines Lachen))

Die Frage der Kursleiterin hat sowohl eine abschließende als auch eine eröff- nende Funktion. Dies ist aus den gewählten Formulierungen, nämlich der ei- gentlichen Frage („wie fühlen Sie sich denn jetzt so'") und der Insertion („jetzt nur&noch so ne ganz kurze Fra:ge") ablesbar. Es ist aber vor allem in den unterschiedlichen Reaktionen der beiden Teilnehmerinnen enthalten: Die erste protestiert – sanft – gegen den Abbruch der Diskussion, die zweite ent- zieht sich dem Ansinnen der Kursleiterin, indem sie die Frage bewußt miß- versteht, aber formal-semantisch adäquat beantwortet. Sie entzieht sich sprachlich und real und wehrt damit den mit dem Vorschlag verbundenen Machtanspruch der Kursleiterin erfolgreich ab – erfolgreich hinsichtlich des Ergebnisses und hinsichtlich der Tatsache, daß es – wie das daraufhin einset- zende Lachen zeigt – zu keiner Mißstimmung kommt.

Die vor dieser eulenspiegelhaften Antwort plazierte Erläuterung der Kursleiterin geht nicht nur nicht auf den Redebeitrag von T1 ein, sondern suggeriert im Grunde sogar, daß niemand geantwortet hat. Die Kursleiterin erklärt nämlich das Verfahren und die damit verbundene Absicht sowie die Tatsache, daß sie es bisher im Kurs nicht eingesetzt hat, und stellt Vermutun- gen darüber an, warum es für die Teilnehmer schwierig ist, auf die Frage di- rekt zu reagieren. Schließlich fordert sie sogar eine Teilnehmerin namentlich auf, die sich dann aber durch die beschriebene Volte entzieht.

Beide Teilnehmerinnen leisten Widerstand – die eine gegen ein als Rede- Verbot empfundenes Abbrechen, die andere gegen eine als quasi-therapeu- tischen Übergriff empfundene Rede-Aufforderung. Beide gehen aber auch nicht so weit, einen Konflikt zu riskieren, respektieren also die Entscheidung der Kursleiterin, das Thema nicht weiter zu behandeln bzw. ihr Recht, die Teilnehmerinnen nach ihrer Befindlichkeit zu befragen. Die Kursleiterin ihrerseits greift den verbalisierten und den in der Pause nach ihrer Aufforderung zu vermutenden Widerstand auf. Sie deutet ihn zunächst als Unkenntnis des von ihr vorgeschlagenen Verfahrens, dem sie durch Erklärungen begegnet. Sie spielt dann aber auch auf mögliche psychische Widerstände an, indem sie die Vereinbarung der Gruppe erwähnt, es zu respektieren, wenn Teilnehmer sich nicht äußern wollen. Sie gibt zu, dieser Vereinbarung zuwider gehandelt zu haben, rechtfertigt aber gleichzeitig ihr Vorgehen und scheint in der namentlichen Ansprache einer Teilnehmerin eine Zustimmung für ihr Vorgehen provozieren zu wollen.

Es handelt sich also um komplizierte Prozesse der Aushandlung und der Suche nach einem Konsens, die von allen Seiten mit großer Vorsicht betrieben werden. Dies geschieht argumentativ, aber auch durch paraverbal demonstriertes Einverständnis. Mit ihrem Lachen zeigen die Beteiligten ihre Distanz zu unterrichtstypischen Asymmetrien an, gefährden aber in keiner Weise das Unterricht ermöglichende pädagogische Arbeitsbündnis.

Ebenso wie das Befolgen von Anweisungen schwindet in institutionellen pädagogischen Interaktionen das monologische Belehren. Dies mag zum Schluß Beispiel (III) zeigen, das einem Kurs über südamerikanische Keramik entnommen ist:

(III)
KL: Man wechselt jedes Mal die Stilrichtung
T1: Es gibt n immensen optischen Effekt dadurch auch ne'
KL: Ja:, und wir bezeichnen diese Keramiken als eye dazzler. Keramiken ne'
T?: Hm mhm
T?: Mhm
KL: Augenverwischer

Die Aussage der Kursleiterin ist ohne jede Konzession an die Zuhörenden formuliert: Weder wird auf deren Interessen noch auf deren möglicherweise vorhandenes Vorwissen oder Vorverständnis angespielt, noch werden die Zuhörer in irgendeiner Form apostrophiert. Die Betonung auf dem letzten Wort hebt den abgeschlossenen, hermetischen Charakter der unpersönlichen Aussage hervor. Es ist die Teilnehmerin T1, die diese Aussage insofern didaktisch transformiert, als sie die Wirkung der besprochenen Technik auf den Zuschauer beschreibt und durch den Zusatz „ne'" (für ‚nicht wahr?') Zustimmung erheischt. Unklar ist, an wen sich diese Frage richtet. Es antwortet jedenfalls die Kursleiterin. Sie gibt die insinuierte Bestätigung – aber nur knapp und fährt dann mit ihren Erklärungen fort. Die Fortsetzung weckt den Verdacht, daß die Kursleiterin sich als Vertreterin der ‚Keramik-Experten' („wir") der gesamten Gruppe der Teilnehmer gegenüberstellen und den Dialog, der durch den sowohl supportiv als auch konkurrent wirkenden Redebeitrag von T1 entstanden ist, abbrechen will. Inhaltlich schließt sie aber an die Aussage der Teilnehmerin an (‚optisch' – ‚eye dazzler') und bestätigt sie.

Formal schließt sie an den Einwurf der Teilnehmerin an, indem sie wie diese ein question tag („ne'") anhängt und so ihre Aussage aus dem hermetischen Berichtsmodus herauslöst.

Gesprächsstrukturell hat die Teilnehmerin T1 die Dialog- gegen die Monologform durchgesetzt, inhaltlich hat aber die Kursleiterin ihre Rolle als (Be-)Lehrende eher noch bekräftigt. Durch ihre nachgeschobene Erklärung kennzeichnet sie die Äußerung von T1 als laienhaft und zeigt ihr mangelndes Vertrauen in das Wissen der Teilnehmer durch die – nicht nachgefragte – Übersetzung des von ihr verwendeten englischen Fachausdrucks.

Es dürfte außerordentlich schwierig sein, genaue Aussagen über die Ursachen für solche Interaktionsmuster zu machen. Die bereits erwähnte zeit- und gesellschaftstypische Tendenz zur Auflösung starrer Hierarchieen und zur Diskursivierung erscheinen vermischt durch die pädagogischen Ziele der Erwachsenenbildung, die Wissensvermittlung immer auch mit anderen Intentionen verbindet, die – je nach inhaltlichem Bereich und Zielgruppe – als Eigentätigkeit oder Stärkung von Ich- bzw. Wir-Identität bezeichnet werden. In jedem Fall konkurriert das Prinzip der Teilnehmerorientierung in der Phase der Vorbereitung mit der von der Logik des Gegenstands bestimmten Wissensvermittlung und in der Unterrichtsinteraktion selbst mit dem Regel- und Dauerhaftigkeit, Kalkulierbarkeit und Vorhersehbarkeit anstrebenden Institutionellen: das Pädagogische gerät gewissermaßen in Widerspruch zum Institutionellen.

Wenn man zudem bedenkt, daß in der Erwachsenenbildung der Anteil neben- oder freiberuflich Unterrichtender den der fest angestellten um ein Vielfaches übersteigt und diejenigen, die an einer Veranstaltung der Erwachsenenbildung teilnehmen, dies in der Regel neben vielen anderen privaten und beruflichen Aktivitäten nur für einen begrenzten Zeitraum und häufig genug nicht regelmäßig tun, dann ist die Gefahr, mit den Rollen, die pädagogische Interaktionen kennzeichnen, zu verschmelzen, von vornherein gering.

Wenn einst die Sprechakttheorie sich den Gegenstand der schulischen Interaktion gewählt hat, um an ihm wegen seiner durch klare Hierarchieen und deutliche Restriktionen bewirkten Einfachheit die Strukturen sprachlichen Handelns zu studieren, so ist heute und in dem Bereich der okkasionellen, auf Freiwilligkeit gegründeten Bildung die Lage eher umgekehrt. In diesem pädagogischen Sektor überlagern sich die aus unterschiedlichsten Bereichen stammenden Interaktionsformen in einer Weise, die es manchmal sehr schwer macht, in ihnen das Pädagogische zu erkennen oder gar zu isolieren. Daß dies aber gleichwohl möglich ist und die Vertiefung in Mikrostrukuren lohnend sein kann, haben vielleicht die vorstehenden Analysen gezeigt.

# 4. Schluß: Wozu pädagogische Interaktionsforschung?

Es ist im vorliegenden Text mehrfach auf den Unterschied zwischen einem durch Vorgaben angeleiteten und einem offenen Vorgehen bei der Analyse von unterrichtlichen Interaktionen hingewiesen worden. Das Auszählen von vorgegebene Kategorien ist eine Methode, die relativ unaufwendig und gezielt auf einen bestimmten Bereich anwendbar ist. Mit ihrer Hilfe ist vergleichsweise schnell ein Profil bestimmter Unterrichtsaspekte zu erstellen. Die Auswertung dieser ,Diagnosen' führt gewöhnlich zu Vorschlägen, die das Ziel der Optimierung von Unterricht haben. Hierzu liegen ausgearbeitete Kategorienschemata in Form von Leitfäden vor (vgl. z.B. Heinze 1989), es sind aber auch Methoden entwickelt worden, die zum Zweck einer Prozeßevaluation eingesetzt werden können. Im Rahmen der Erwachsenenbildung wird so die Möglichkeit geboten, ,,durch Beobachten bestimmte Strukturen oder Abläufe in der Lerngruppe für den Kursleiter selbst (in bestimmten Fällen auch für interessierte Teilnehmer) transparenter, besser kommunizierbar, besser handhabbar zu machen" (Gerl 1983, S. 48). Solche Methoden umfassen das durch vorformulierte Fragen angeleitete Beobachten didaktischer Schlüsselsituationen wie die der Einstiegssituation oder das Beobachten von Interaktionsverhalten in der Lerngruppe wie das ,Antwortverhalten' von Lehrenden – in der Regel mit dem Ziel, für die Gruppe befriedigendere und/oder dem jeweiligen Lernziel (z.B. Selbständigkeit) angemessenere Arbeitsbedingungen herzustellen.

Derartige Evaluationen und Umsetzungen ihrer Ergebnisse sind bei den hier vorgeschlagenen Interaktionsanalysen nicht möglich. Wenn überhaupt, können sie zur Ergebnisevaluation eingesetzt werden, nicht aber zur Prozeßevaluation. Voraussetzung dafür ist aber eine klare – operationalisierbare – Vorstellung davon, was evaluiert werden soll. Eine Beteiligung der Betroffenen, wie sie für viele Ansätze der Prozeßevaluation typisch sind, ist sowohl vom Aufwand, den qualitative Interaktionsanalysen auf der Basis von Verschriftlichungen mit sich bringen, als auch von der Konzeption, die in den ,Texten' eine den Beteiligten nicht bewußte Bedeutungsfülle sieht, nicht angebracht.

Qualitative Interaktionsanalysen fragen nicht ab, sondern sehen in dem untersuchten Material Antworten auf Fragen, die es erst zu entdecken gilt. Sie stehen auch nicht unter dem Druck einer unmittelbaren Nutzanwendung.

Das schließt nicht aus, daß Ergebnisse entsprechender Studien in der Verwendung durch die diversen Rezipienten in Theorie und Praxis zu Handlungsanweisungen umgeformt werden. Daß dies geschieht, ist nicht nur nicht zu verhindern, es sollte als der Handlungslogik von Praxis immanente und berechtigte Rezeptionsform begriffen, aber dadurch ‚erschwert‘ werden, daß die Materialbasis und die Art und Weise ihrer Interpretation allen Interessierten zugänglich gemacht wird. Auf diese Weise kann Grundlagenforschung – und um eine solche kann es sich bei der qualitativen Interaktionsforschung durchaus handeln – einen reflexiv-kritischen Umgang mit ihren Forschungsergebnissen bewirken.

Wenn hier die Erforschung von Grundlagen der Interaktion in pädagogischen Institutionen als erstes Ziel genannt wird, so ist dieses weder als alleiniges noch als wichtigstes zu sehen. Daneben treten nämlich gleichberechtigt zwei andere Zwecke, die an die Erfordernisse und Möglichkeiten von Studium und Praxis gebunden sind.

Eine von Studierenden der Pädagogik zu bewältigende Aufgabe wären kleinere empirische Studien, in denen eine zusammenhängende Unterrichtseinheit in einer pädagogischen Institution aufgezeichnet, verschriftet und interpretiert wird oder aber bestimmte Phasen oder Konstellationen anhand von mehreren unterschiedlichen Aufnahmen miteinander verglichen werden, um eine gemeinsame Struktur oder aber mehrere Typen herauszuarbeiten. Derartige Mikroanalysen sollten eine Haltung der Offenheit gegenüber dem künftigen Arbeitsfeld, ein Sich-Unabhängig-Machen gegenüber darauf bezogenen Vor-Urteilen und eine gesteigerte Aufmerksamkeit für sämtliche, also auch unscheinbare Aspekte pädagogischer Interaktion und damit eine Konzentration auf kleine bis kleinste Ausschnitte befördern. Sinnvoll wäre eine Konfrontation der selbst gewonnenen Ergebnisse mit Theorien, die im Verlauf des Studiums lediglich zur Kenntnis genommen oder als abstrakte Stoffmengen ‚gelernt‘ wurden. Die für das Fach Pädagogik konstitutive Spannung zwischen Theorie und Praxis könnte auf diese Weise in einer Interaktionsanalyse erhalten werden.

Ideal wäre ein Pool, der die Materialien, auf denen eine derartige Kleinforschung beruht, sammeln und Interessenten zur Verfügung stellen könnte. Um eine Vergleichbarkeit zu sichern, müßten die erhobenen Daten in Gänze in Rohfassung und/oder in möglichst präziser Transkription zugänglich sein. Ein solches Archiv könnte für unterschiedliche, darunter auch illustrative, Zwecke für Studium und Fortbildung benutzt werden und bei einer längerfristigen Anlage die Basis für Längsschnitt- und Reanalysen legen.

Bei der Fortbildung von Pädagogen bietet sich das Verfahren der Interpretationswerkstatt an, das eine Interpretation vorliegender Daten in der Gruppe, d.h. unter bewußter Ausnutzung der unterschiedlichen, auch kontroversen Zugänge, die Teilnehmer mit unterschiedlichem Erfahrungshintergrund haben, anpeilt. Während Publikationen, die als ‚imaginäre Interpretationswerkstatt‘ unabhängig voneinander entstandene Interpretationen des gleichen Materials enthalten, solche Differenzen additiv zusammenstellen, geht es bei der ,realen' Interpretationswerkstatt um den unmittelbaren interaktiven Austausch unter präsenten Teilnehmern (vgl. Kade/Nolda 1998). Schriftliche Interpretationen entstehen abgetrennt von Adressaten und der Gemeinsamkeit der Situation, der Zeit und des Raums und präsentieren sich als unbeeinflußbar, sie folgen der Logik der schriftlichen Darbietung. Demgegenüber sind die realen Diskussionen von der Dynamik der unmittelbaren Auseinandersetzung der Werkstatteilnehmer untereinander geprägt. Untersucht man diese Interaktionen ähnlich wie Unterrichtsinteraktionen, dann ist u.a festzustellen, daß die Redebeiträge der Diskutanten im Gegensatz zu abgerundeten schriftlichen Ausführungen zur Vielstimmigkeit tendieren: Es finden sich neben Passagen, die sich der Sprache der besprochenen Interaktion anpassen, solche, die durch den Interaktionsstil der Gruppe geprägt sind und andere, die aus dem Feld resultieren, dem sich der jeweilige Teilnehmer verbunden fühlt.

Die Mitarbeit in einer solchen Gruppe zwingt zur Rezeption und zur Produktion, zur Stellungnahme zu anderen Meinungen und zur Verteidigung der eigenen Deutung. Diese Vorteile werden mit den Nachteilen erkauft, die von Machtverhältnissen in Gruppen auf einzelne Teilnehmer und von der zeitlichen Beschränkung ausgehen. Es wird immer Teilnehmer geben, die sich den Meinungsführern anschließen oder aber schweigen, und die Notwendigkeit, vereinbarte Zeiten einzuhalten, führt in der Regel dazu, daß die Interpretationen sich nur auf Teile oder Teilaspekte der Daten beziehen.

Während schriftlich ausgearbeitet Interaktionsanalysen nicht nur durch die in ihnen zitierten Materialien ein Fortbildungspotential darstellen, birgt die zu Fortbildungszwecken durchgeführte Interpretationswerkstatt ein Anregungspotential, das der Professionalität der in der Praxis Tätigen zugute kommt. Gerade die Verhinderung eines schnellen Konsenses zwingt zum Überdenken der eigenen Position und der Positionen der anderen. Eine solche Flexibilität und selbstkritische Haltung steht einem institutionellen Bereich an, der an Starrheit und Eindeutigkeit verliert und die Bedeutung mehrdeutiger und aushandlungsintensiver Interaktionen zunehmend anerkennt.

# Literatur

Adamczik, K.: Dialoganalyse: eine Disziplin auf der Suche nach ihrer Identität. In: Hundsnurscher, F./Weigand, E. (Hrsg.): Future Perspectives of Dialogue Analysis. Tübingen 1995, S. 35-77

Arnold, R. u.a. (Hrsg.): Lehren und Lernen im Modus der Auslegung. Erwachsenenbildung zwischen Wissensvermittlung, Deutungslernen und Aneignung. Hohengehren 1998

Atteslander, P.: Methoden der empirischen Sozialforschung. Berlin 1995

Aufenanger, St.: „Wollt ihr nochmal das Spiel machen...?" – Pädagogische Interaktion im Kindergarten. In: Aufenanger/St./Lenssen, M. (Hrsg.): Handlung und Sinnstruktur. Bedeutung und Anwendung der objektiven Hermeneutik. München 1986, S. 205-228

Becker-Mrotzeck, M.: Kommunikation und Sprache in Institutionen. Ein Forschungsbericht zur Analyse institutioneller Kommunikation. In: Deutsche Sprache 1990, H.2, S. 158-190; H.3, S. 241-260

Bellack, A. u.a.: The Language of the Classroom. New York 1966

Bergmann, J.R.: Flüchtigkeit und methodische Fixierung sozialer Wirklichkeit. Aufzeichnungen als Daten der interpretativen Soziologie. In: Bonß, W./Hartmann, H. (Hrsg.): Entzauberte Wissenschaft. Zur Relativität und Geltung soziologischer Forschung (Soziale Welt, Sonderband 3). Göttingen 1985, S. 299-320

Bergmann, J.R.: Interaktion und Exploration. Eine konversationsanalytische Studie zur sozialen Organisation der Eröffnungsphase von psychiatrischen Aufnahmegesprächen. Konstanz 1980

Bernstein, B.: Studien zur sprachlichen Sozialisation. Düsseldorf 1972

Breidenstein, G./Kelle, H.: Geschlechteralltag in der Schulklasse. Ethnographische Studien zur Gleichaltrigenkultur. Weinheim 1998

Burkart, G.: Zur Mikroanalyse universitärer Sozialisation im Medizinstudium: Eine Anwendung der Methode der objektiv-hermeneutischen Textinterpretation. In: Zeitschrift für Soziologie 1983, H.1, S. 24-48

Combe, A./Helsper, W.: Was geschieht im Klassenzimmer? Perspektiven einer hermeneutischen Schul- und Unterrichtsforschung. Weinheim 1994

de Baugrande, R.: New Foundations for a science of text and discourse. Norwood 1997

Derichs-Kunstmann, K : „Im Betrieb müssen Männer und Frauen doch auch zusammenarbeiten!" Zu einem Forschungsprojekt über das Geschlechterverhältnis in der Erwachsenenbildung. In: Literatur- und Forschungsreport Weiterbildung 1995, H.35, S. 49-563

Drew, P./Heritage, J. (Hrsg.): Talk at work. Interaction in institutional settings. Cambridge 1992

Drewek, P.: Geschichte der Schule. In: Harney, K./Krüger, H.-H. (Hrsg.): Einführung in die Geschichte der Erziehungswissenschaft und der Erziehungswirklichkeit. Opladen 1997, S. 183-208

Ebert, G. u.a. (Hrsg.): Subjektorientiertes Lernen und Arbeiten – Ausdeutung einer Gruppeninteraktion. Frankfurt/M 1986

Edmondson, W./House, J.: Einführung in die Sprachlehrforschung. Tübingen 1993

Ehlich, K.: Funktion und Struktur schriftlicher Kommunikation. In: Günther, H./Ludwig, O. (Hrsg.): Schrift und Schriftlichkeit. Writing and Its Use. Ein interdisziplinäres Handbuch internationaler Forschung. An Interdisciplinary Handbook of International Research. 1. Halbband. Volume 1. Berlin 1994, S. 18-41

Ehlich, K./Rehbein, J.: Institutionsananalyse. Prolegomena zur Untersuchung von Kommunikation in Institutionen (1979). Neu abgedruckt in: Brünner, G./Graefen, G. (Hrsg.): Texte und Diskurse. Methoden und Forschungsergebnisse der funktionalen Pragmatik. Opladen 1994, S.S. 287-327

Ehlich, K./Rehbein, J.: Muster und Institution. Untersuchungen zur schulischen Kommunikation. Tübingen 1986

Eisenstadt, Sh.N.: Social institutions. In: Sills, D.L. (Hrsg.): International Encyclopedia of the Social Sciences. New York 1968, S. 409-421

Fairclough, N.: Critical discourse analysis and the marketization of public discourse: the universities. In: Discourse & Society 1993, H.4/2, S. 133-168

Fairclough, N.: Critical discourse analysis: the critical study of language. London 1995

Faust-Siehl, G./Krupka, B./Schweitzer, F./Nipkow, K.E. (Hrsg.): 24 Stunden Religionsunterricht. Eine Tübinger Dokumentation für Forschung und Praxis. Münster 1995

Flanders, N.A.: Analysing Teaching Behavior. Reading, Mass. 1970

Gerl, H.: Evaluation in Lernsituationen – ein Beitrag zu reflexivem Lernen. In: ders./Pehl. K.: Evaluation in der Erwachsenen. Bad Heilbrunn 1987

Giddens, A.: Die Konstitution der Gesellschaft. Grundzüge einer Theorie der Strukturierung. Frankfurt/M 1988

Gieseke, W.: Fallstudien zur Bildungsarbeit mit Zielgruppen. Frankfurt/M 1985

Glaser, B.G./Strauss, A.L.: The Discovery of Grounded Theory. Strategies for Qualitative Research. Chicago 1967

Goodwin, Ch.: The Interactive Construction of a Sentence in Natural Conversation. In: Psathas, G. (Hrsg.): Everyday language. Studies in ethnomethodology. New York 1979, S.97-121

Günthner, S./Kotthoff, H. (Hrsg.): Die Geschlechter im Gespräch. Kommunikation in Institutionen. Stuttgart 1992

Gukenbiehl, H.L.: Institution und Organisation. In: Korte, H./Schäfers, B. (Hrsg.): Einführung in die Hauptbegriffe der Soziologie. Opladen 1995 (3. Aufl.), S.95-110

Heinze, Th./Klusemann, H.W./Soeffner, H.G. (Hrsg.): Interpretationen einer Bildungsgeschichte. Überlegungen zur sozialwissenschaftlichen Hermeneutik. Bensheim 1980

Hörmann, H.: Meinen und Verstehen. Grundzüge einer psychologischen Semantik. Frankfurt/M 1978

Kade, J.: Lediglich moderieren und auf die Bedürfnisse der Teilnehmer eingehen. In: Ebert, G. u.a.: (Hrsg.): Subjektorientiertes Lernen und Arbeiten – Ausdeutung einer Gruppeninteraktion. Frankfurt/M 1986a, S. 110-135

Kade, J.: Über den Einzelfall hinaus. Zur Interpretation von Interviews über Bildungsbiographien Erwachsener. In: Stand und Aufgaben der empirischen Forschung zur Erwachsenenbildung. Jahrestagung 1985 der Kommission Erwachsenenbildung der Deutschen Gesellschaft für Erziehungswissenschaft. Bremen 1986b, S. 54-68

Kade, J.: Das Modell „Boulevard Bio". In: Grundlagen der Weiterbildung – Praxishilfen, 20.April 1996, S. 1-13

Kade, J./Nolda, S.: Imaginäre und reale Interpretationswerkstatt. In: Arnold u.a. 1998, S. 222-233

Kallmeyer, W.: Konversationsanalytische Beschreibung. In: Ammon, U. u.a. (Hrsg.): Sociolinguistics. Soziolinguistik. 2.Halbband. Berlin 1988, S. 1095-1108

Kallmeyer, W./Schütze, F.: Konversationsanalyse. In: Studium Linguistik 1976, H.1, S. 1-28

Kejcz, Y. u.a.: Bildungsurlaubs-Versuchs- und Entwicklungsprogramm der Bundesregierung. Endbericht, Bd.1-8, Heidelberg 1979ff

Köck, P.: Praxis der Beobachtung. Eine Handreichung für den Erziehungs- und Unterrichtsalltag. Donauwörth 1981

Kokemohr, R./Marotzki, W. (Hrsg.): Interaktionsanalysen in pädagogischer Absicht. Frankfurt/M 1985

Kuhn, E.D.: Gender and Authority. Classroom Diplomacy at German and American Universities. Tübingen 1992

Leber, M./Oevermann, U.: Möglichkeiten der Therapieverlaufsanalyse in der objektiven Hermeneutik. Eine exemplarische Analyse der ersten Minuten einer Fokaltherapie aus der Ulmer Datenbank („Der Student"). In: Garz, D./Kraimer, K. (Hrsg.): Die Welt als Text. Frankfurt/M 1994, S. 383-427

Lewin, K.: Die Lösung sozialer Konflikte – ausgewählte Abhandlungen über Gruppendynamik. Bad Nauheim 1968

Lamnek, S.: Qualitative Sozialforschung. Bd.1: Methodologie. München 1988

Lipp, W.: Institution. In: Schäfers, B. (Hrsg.): Grundbegriffe der Soziologie. Opladen 1995 (4.Aufl.), S. 134-137

Lüders, Ch./Kade, J./Hornstein, W.: Entgrenzung des Pädagogischen. In: Krüger, H.-H./Helsper, W. (Hrsg.): Einführung in Grundbegriffe und Grundfragen der Erziehungswissenschaft. Opladen 1995, S. 207-215

Maas, U.: „Als der Geist der Gemeinschaft eine Sprache fand". Sprache im Nationalsozialismus – Versuch einer historischen Argumentationsanalyse. Opladen 1984

Mader, W.: Interaktionelle Erwachsenenbildung. In: Hessische Blätter für Volksbildung 1998, H.3, S. 21-224

Manz, W.: Die Beobachtung verbaler Kommunikation im Laboratorium. In: van Kollwijk. J./Wieken-Mayser, M. (Hrsg.): Techniken der empirischen Sozialforschung, 3.Band. Erhebungsmethoden: Beobachtung und Analyse von Kommunikation. München 1974, S. 27-66

Mayring, Ph.: Einführung in die qualitative Sozialforschung. Eine Anleitung zu qualitativem Denken. München 1996, 3.Aufl.

Naumann, B.: Mailbox Chats: Dialogues in Electronic Communication. In: Hundsnurscher, F./Weigand, E. (Hrsg.): Future Perspectives of Dialogue Analysis. Tübingen 1995, S. 163-184

Nittel, D.: „... die leuchten ja gar nicht." Interaktionsanalytische Betrachtung einer Lernsequenz im Arbeitskreis TU WAS. Frankfurt/M 1993

Nolda, S.: Sprachinteraktion in Prüfungen. Eine qualitative Untersuchung zum Sprach- und Interaktionsverhalten von Prüfern und Kandidaten in Zertifikatsprüfungen im Bereich Fremdsprachen. Frankfurt/M 1990

Nolda, S.: Expertenbeglaubigung als Form der medialen Wissensvermittlung. In: Nolda, S. (Hrsg.): Erwachsenenbildung in der Wissensgesellschaft. Bad Heilbrunn 1996a, S. 171-188

Nolda, S.: Interaktion und Wissen. Eine qualitative Studie zum Lehr-/Lernverhalten in Veranstaltungen der allgemeinen Erwachsenenbildung. Frankfurt/M 1996b

Nolda, S.: Interaktionsanalysen in der Erwachsenenbildung. In: Friebertshäuser, B./A. Prengel, A. (Hrsg.): Handbuch Qualitative Forschungsmethoden in der Erziehungswissenschaft. München 1997, S.758-768

Nolda, S./Pehl, K./Tietgens, H.: Programmanalysen. Programme der Erwachsenenbildung als Forschungsobjekte. Frankfurt/M 1998

Pieper, R.: Institution. In: Reinhold, G. u.a. (Hrsg.): Soziologie-Lexikon. München 1997, S. 295-298

Oevermann, U. u.a: Die Methodologie einer „objektiven Hermeneutik" und ihre allgemeine forschungslogische Bedeutung in den Sozialwissenschaften. In: Soeffner, H.-

G. (Hrsg.): Interpretative Verfahren in den Sozial- und Textwissenschaften. Stuttgart 1979

Partheymüller, D.: Moderatorenfragen in der populärwissenschaftlichen Vermittlung medizinischen Wissens – eine exemplarische Analyse. In: Redder, A./Wiese, I. (Hrsg.): Medizinische Kommunikation. Diskurspraxis, Diskursethik, Diskursanalyse. Opladen 1994, S. 132-147

Reinhold, G. (Hrsg.): Soziologie-Lexikon. München 1997 (3.Aufl.)

Rach, R. (Hrsg.): Theater heute. Stücke von Beckett, Bernhard, Bond, Brasch, Kroetz, Müller, Norén, Strauß. Frankfurt/M 1985

Redder, A. (Hrsg.): Kommunikation in Institutionen. Osnabrücker Beiträge zur Sprachtheorie 1983, H.24

Redder, A./Ehlich, K. (Hrsg.): Gesprochene Sprache. Transkripte und Tondokumente. Tübingen 1994

Schäffter, O.: Struktureller Wandel der Weiterbildung als Institutionsgeschichte. In: Vogel, N. (Hrsg.): Organisation und Entwicklung in der Weiterbildung. Bad Heilbrunn 1998, S. 35-53

Schank, G./Schoenthal, G.: Gesprochene Sprache. Eine Einführung in Forschungsansätze und Analysemethoden. Tübingen 1976

Schalk, H. Ch.: Schichtspezifische Sprachunterschiede bei Erwachsenen. Diss. Wien 1975

Schalk, H. Ch./Tietgens, H.: Schichtspezifischer Sprachgebrauch als Problem der Erwachsenenbildung. Arbeitspapier 73 der PAS/DVV, Frankfurt/M 1978

Schründer-Lenzen, A.: Triangulation und idealtypisches Verstehen in der (Re-)Konstruktion subjektiver Theorien. In: Friebertshäuser, B./Prengel, A. (Hrsg.): Handbuch Qualitative Forschungsmethoden in der Erziehungswissenschaft. München 1997, S. 107-117

Schwartzman, H.B.: Ethnography in Organizations. Newbury Park 1993

Schütze, F.: Symbolischer Interaktionismus. In: Ammon, U. u.a. (Hrsg.): Sociolinguistics. Soziolinguistik. Berlin/NewYork 1987, S. 520-553

Schwitalla, J.: Gesprochene Sprache – dialogisch gesehen. In: Fritz, G./Hundsnurscher, F. (Hrsg.): Handbuch der Dialoganalyse. Tübingen 1994, S. 17-36

Siebert, H. : Entstehung und Verlauf eines Forschungsprojekts. In: ders. (Hrsg.): Praxis und Forschung in der Erwachsenenbildung. Opladen 1977, S. 29-58

Siebert, H./Gerl, H. : Lehr- und Lernverhalten bei Erwachsenen. Braunschweig 1975

Stephan, P. u.a.: Qualitätsmanagement in Weiterbildungseinrichtungen. Berlin 1994 (QUEM-Report, Heft 28)

Streeck, J.: Konversationsanalyse: Ein Reparaturversuch. In: Zeitschrift für Sprachwissenschaft 1983, H.2.1, S.72-104

Streeck, J.: Sandwich – good for you. Zur pragmatischen und konversationellen Analyse von Bewertungen im institutionellen Diskurs der Schule. In: Dittmann, J. (Hrsg.): Arbeiten zur Konversationsanalyse. Tübingen 1979, S. 235-257

Tietgens, H.: Die Erwachsenenbildung. München 1981

Tietgens, H.: Erwachsenenbildung als Suchbewegung. Bad Heilbrunn 1986

Titscher, St. u.a.: Methoden der Textanalyse. Leitfaden und Überblick. Opladen 1998

Wellbery, D.E. (Hrsg.): Positionen der Literaturwissenschaft. Acht Modellanalysen am Beispiel von Kleists „Das Erdbeben von Chili". München 1985

Weymann, A.: Lernen und Sprache. Empirische Untersuchungen zur Schichtenspezifizität von Lernerfolg und verbaler Interaktion. Hannover 1977

Wiswede, G.: Soziologie. Grundlagen und Perspektiven für den wirtschafts- und sozialwissenschaftlichen Bereich. Landsberg am Lech 1998 (3.Aufl.)

Wodak, R.: Disorders of Discourse. London 1996

Wodak, R.: Kommunikation in Institutionen. In: Ammon, U. u.a. (Hrsg.): Sociolinguistics – Soziolinguistik. Amsterdam 1988, S.799-820

MIX
Papier aus verantwortungsvollen Quellen
Paper from responsible sources
FSC® C105338

If you have any concerns about our products,
you can contact us on
ProductSafety@springernature.com

In case Publisher is established outside the EU,
the EU authorized representative is:
**Springer Nature Customer Service Center GmbH**
**Europaplatz 3, 69115 Heidelberg, Germany**

Printed by Libri Plureos GmbH
in Hamburg, Germany